語り継がれる
明治天皇の東北・北海道ご巡幸

伊達宗弘 著

宮城県指定有形文化財

宮城県庁門前図

仙台市青葉区　宮城県美術館蔵

これは、県令が馬車で登庁している様子を油彩によって描いたものである。10月下旬仙台の日の出はおそく、特に雲の多い朝のようである。

庁舎に用いていた養賢堂の建物は第二次世界大戦で焼失してしまったが、当時の様子がよく分かり、歴史的にも貴重である。絵そのものは、わが国の近代洋画の模索期における異色の傑作といわれる。単純な線を用いて組み立てられ、玄関に至るまでの奥行、馬車、ランプ等、当時の風情とともに名画たるゆえんを示す安定した構図が見られる。

（61.1cm×122.0cm　高橋由一筆　明治時代）

奥羽御巡幸
松島天覧之圖
五大堂

奥羽御巡幸

松島天覧之図

宮城郡松島町　瑞巌寺蔵

支倉常長像

伊達政宗が新イスパニヤ（メキシコ）との通商及びローマよりの宣教師招聘（しょうへい）を目的とし、家臣支倉六右衛門常長以下十数名を殴州に派遣したのが慶長遣欧使節である。船には多数の宣教師ほか約180人が乗船し、慶長18年（1613年）9月、月の浦より出帆した。太平洋を横切り、メキシコを経て、イスパニヤ・ローマに行き、帰途はメキシコよりルソンに寄港して7年後の元和6年（1620年）8月帰朝した。だが通商、宣教師招聘についての確答は得られず、また滞欧中、幕府はすでにキリスト教を禁止しており、所期の目的は達せられなかった。この資料は伊達家及び仙台藩切支丹改所に伝来したもので、全て常長が持帰ったものである。2013年には「ローマ市公民権証書」「支倉常長像」「ローマ教皇パウロ5世像」がユネスコ記憶遺産に登録された。

重要文化財

慶長遣欧使節関係資料

仙台市青葉区　仙台市博物館蔵

QVOD LVDOVICVS RENTIVS VINCENTIVS MVTVS
DE PAPAZVRRIS IACOBVS VELLIVS ALMAE VRBIS
CONSERVATORES

ローマ市公民権証書

祭服

ローマ市公民権証書（羊皮紙）１通
支倉常長像
ローマ教皇パウロ５世像
ロザリオの聖母像（１点）
祭服（１点）
十字架像（１点）
十字架およびメダイ（１点）
十字架（１点）
ロザリオ（５点）
ディスチプリナ（１点）
テカ及び袋（１点）
レリカリオ（１点）
メダイ残欠（６点）
鞍（くら）（２点）
鐙（あぶみ）（２点）
轡（くつわ）（２点）
四方手（しおで）（１点）
野沓（のぐつ）（１点）
マント及びズボン（１点）
壁掛（１点）
縞模様布（１点）
短剣（２点）
印章（２点）
留金具（10点）

計47点

重要文化財

瑞巌寺五大堂

宮城郡松島町　瑞巌寺

慶長９年（1604年）伊達政宗の創建。素木造、方３間、向拝をつけ勾欄付縁を巡らし、屋根は宝形造、本瓦葺で、軒の出が大きく、総体に落ち着いた比例を持っている。向拝虹梁上の蟇股や木鼻・手挟、また本堂四面の蟇股及び十二支の彫刻も雄健である。内部に奇巧を凝らし彩色を施した家形厨子を配し、平安中～後期の五大明王像を安置している。仙台圏域における最古の桃山建築である。「慶長第九歳次甲辰十二月六日」の棟札がある。

宮城県指定有形文化財

観瀾亭（かんらんてい）

宮城郡松島町

伊達家の御仮屋御殿として建てられたもので、５代藩主伊達吉村によって観瀾亭と命名された。

文禄年中に豊臣秀吉から伊達政宗が譲り受けた伏見城の1棟で、江戸の藩邸に移築したものをさらに２代藩主伊達忠宗が松島月見崎に移したと伝えられている。

桁行8.5間・梁間（はりま）５間、屋根は寄棟造（よせむねづくり）、こけら葺。素木（しらき）造で、四方に縁を巡らした簡素明快な亭風（あずまやふう）の建築である。床の間の張付絵や襖絵は、壮麗な桃山式極彩色で描かれている。柱間1間６尺５寸の京間であること、軽快な起（むく）りを持つ屋根や壮麗な張付絵などから推して、桃山時代の建築であると考えられていたが、最近発見された御仮屋絵図により、正保ないし慶安の火災後に再興された御仮屋御殿の一部居間とみるのが妥当であろうとされている。

特別史跡

多賀城跡附寺跡(たがじょうあとつけたりてらあと)

多賀城市

多賀城廃寺(はいじ)跡は多賀城の南東約1kmの丘陵上にある。多賀城とほぼ同一の変遷をたどっており、その付属寺院と考えられる。東に塔、西に金堂(こんどう)、これらの中央北には講堂、南には中門(ちゅうもん)が配されている。中門から延びる築地は講堂に取り付いている。寺域を区画する施設はなかったと推定される。こういった伽藍(がらん)配置は太宰府観世音寺(だざいふかんぜおんじ)と類似している。また山王遺跡から「観音寺」と墨書された土器が出土した。これは万燈会に用いられた土器と考えられ、国府下で仏教行事である万燈会を執行するのは多賀城の付属寺院であることから、墨書「観音寺」は多賀城廃寺の当時の名称を示しているのではないかと考えられている。付属寺院の名称も太宰府の場合と共通していた可能性が高い。

このほか、製鉄炉、木炭窯(がま)、鍛冶工房などの跡が発見された奈良時代の製鉄跡である柏木遺跡、国司の館跡と推定されている山王遺跡千刈田地区も多賀城関連遺跡として特別史跡に追加指定されている。

宮城県指定有形文化財

旧有壁宿本陣（ありかべじゅくほんじん）

栗原市金成町

江戸時代に勅使や幕府役人、とりわけ大名の専用休息宿泊所を本陣と称していた。

有壁宿はJR東北本線有壁駅の北東約0.3kmにあり、奥州街道の金成宿と一関宿の中間に位置する。佐藤家が代々この宿の本陣と町の検断（けんだん）をつとめていた。同家所蔵文書によると、延享元年（1744年）本町が全焼したので旧位置から現在の場所に移し、数回の屋根葺替を行っている。その間、参勤交代の奥州諸大名や幕府・仙台藩の巡見使（じゅんけんし）などが休息宿泊に利用した。

序

皇室ジャーナリスト　久能　靖

「明治は遠くなりにけり」

時に高齢者が感慨を込めてこう云うのを耳にすることがある。

そこにはすでに一〇〇年以上も前の明治と云う時代をなつかしむ思いも込められているのかも知れないが、明治と云う時代は単に長い日本の歴史上の一時代ではない。

明治時代こそ今や世界の列強各国と肩を並べるまでになった日本の原点だからだ。

そこで強いリーダーシップを発揮し、天皇中心の日本の近代化を推しすすめたのは明治天皇であった。

江戸幕府が長い鎖国政策をとり続けている間に欧米諸国は急速に近代化が進み、日本は完全に取り残されていた。

そのことに気付かされたのが四隻の黒船を率いて日本に開港を迫ったペリーの来航であった。

これを機に国内に倒幕の機運が急速に高まり、慶応三年一〇月一四日、京都の二条城で江戸幕府の一五代将軍徳川慶喜が幕府の握っていた政権を天皇に返上したいと申し出、翌一五日に、その年わずか一五歳で即位されていた明治天皇が勅許され、ここに我が国は天皇を中心とする統一国家に生まれ変わったのである。

明治天皇は翌年五箇条の御誓文で国の基本政策を明らかにするとともに、アメリカ側全権のペリーとの間に結ばれた我が国にとって極めて不平等な日米和親条約を是正するためにも、又欧米列強の国々と伍して行くためにも、早急に欧米化する必要があると自ら先頭に立って和装から洋装に切り替えるなど洋風文化を取り入れた。

そして新しい国家体制になったことを示し気分を一新するためにも住みなれた京都から江戸(東京)に遷都すると国会の開設、憲法の制定など天皇中心の近代国家を目指した。

特に明治天皇が力を入れたのは顔の見える天皇であることであった。

それまでの天皇は朝廷にあってほとんど京都から出ることがなく、一般大衆も天皇の姿を見ることさえなかったが、天皇の存在を身近に感じとれるようになったことは確固とした天皇制の確立に極めて重要なことであった。

その点で明治天皇の強い意志を読み解く上でご巡幸に焦点をあてたこの著作は極めて重要な資料である。

目次

はじめに　明治九年東北・北海道ご巡幸の歴史的意義

伊達宗弘

明治九年（一八七六年）六月二日、明治天皇（一八五二～一九一二年）は巡幸中の庶政を太政大臣（だじょうだいじん）三条実美（さんじょうさねとみ）に委任して、赤坂の仮皇居をご出発されました。千住（せんじゅ）まで皇后が見送られ、五〇日間に及ぶ東北・北海道巡幸の旅がスタートしたのです。右大臣岩倉具視（いわくらともみ）、内閣顧問木戸孝允（きどたかよし）、宮内卿徳大寺実則（とくだいじさねのり）、侍従長東久世通禧（ひがしくぜみちとみ）ら二〇〇を超える人々が供奉（ぐぶ）しました。この巡幸には新聞関係者の随行も多く人夫などを含めた多数の人たちが関与した国家的な一大イベントでありました。

近代日本における天皇巡幸は、明治天皇の六大巡幸と昭和天皇による戦後の巡幸に集約されます。いずれも明治維新後と敗戦後という政治的な危機のなかで、天皇をシンボルとして国民の心を一つにしようとする国家統合の試みでありました。

明治天皇の旅行は九十数回に及びました。江戸時代の天皇が皇居の外に出るのは、ほとんどなかったのに比べると、大きな変化です。旅行の目的も、神社・御陵参拝、競馬・兎狩など多彩ですが、明治二〇年代以降は陸軍演習の統監や観艦式の出席など軍事目的のものが大きな割合を占めるようになりました。

六大巡幸とは、明治五年（一八七二年）の九州・西国巡幸、明治九年の東北・北海道巡幸、明治一一年（一八七八年）の北陸・東海道巡幸、明治一三年（一八八〇年）の甲州・東山道巡幸、明治一四年（一八八一年）の山形・秋田・北海道巡幸、明治一八年（一八八五年）の山口・広島・岡山巡幸をさしています。巡幸の目的は民情を知り、国民の貧しい生活の実態を直に見ていただくことです。

東北・北海道巡幸に先立ち、五月二二日内務卿大久保利通は先行して現場を訪れ、県・道関係者と協議を尽くしながら巡幸の段取りを練り上げていきました。休泊の段取り、行幸による視察順路などが地域を熟知した県関係者らとの協議により立案されていったのです。安全性を重視しながらも、天皇による地方産業の視察と功労者や地方の名士との接触の推進や戊辰戦争の敗者と勝者への配慮など、大久保によってこの巡幸はプロデュースされたのです。

この巡幸の最大の特徴は、巡幸によっていままで天上の人として敬われていた天皇を身近な存在として認識した人の数が、明治五年の巡幸とは比較にならないほど多かったことがあげられます。これは九州・西国巡幸が海路を中心とした巡幸であったのに対し、東北・北海道巡幸は奥州街道を日々刻々と漸進する巡幸であったため、この様子が多くの人々の目に触れ、また天皇一行を目の当たりにしなかった人も、直接目にした人たちから話を聞くことによって、その体験を共有することができたのです。また、東京日日新聞に連載された明治初期の先覚的新聞記者岸田吟香（きしだぎんこう）の巡幸記事などを通して、読者が営む単調な日常生活のなかで非日常的な天皇一行の動きを知ることで、天皇や巡幸のイメージが増幅され、かたちを変えて強く印象づけられて記憶されていったのです。さらに巡幸終了後にも、さまざまな出版物の刊行によって、時空（とき）を超えて巡幸が繰り返し多くの人々に追体験されたことがその理由と考えられています。

　このような巡幸の積み重ねは、天皇にとっては国家の儀式であるとともに、日本を代表する主人公として国民に見られる存在であることを意識せざるを得ないものとしたのです。一般国民から見れば日常生活において遠い存在である県令が恭しく（うやうやしく）先導した鹵簿（ろぼ）（天皇の行列）の中心に位置した天皇の視線を、郷土の風土のなかで意識し、当事者である天皇の視界のなかにいる自分自身を初めて強く認識したのです。こうした天皇と国民の関係は、大久保による先発隊と県・道関係者の協議による演出や諸儀式の過程、そして喧伝に大きく影響されているということはいうまでもありませんが、その演出に国民自身がとけ込むことによって増幅されていったのです。巧みな演出のなかで天皇と国民の位置関係は階級を超えた雰囲気に包まれていたのです。

　東北・北海道巡幸は、天皇と国民の多様な接触と意識の変化をもたらす大きなきっかけともなりました。この巡幸で官国幣社（神社を国家が直接管理した時代の社格の一つ）・皇子皇女御墓・招魂場への御拝または勅使差遣、勅語・金幣の下賜、勤王家の顕彰と祭粢料の下賜、名望家や長寿者・奇特者・孝子などへの褒賞や金幣の下賜などが、儀式として定型化していったのです。また、祭祀に伴う祭文も武蔵国（現在の東京都、埼玉県のほとんどの地域、及び神奈川県の川崎市、横浜市の大部分を含む）一宮である大宮（埼玉県）の氷川神社で行われて以降はこれに準じて実施されるなど、東北・北海道巡幸を契機に儀式やこれに伴う諸事の制度化が進められていったのです。

第一章　赤坂仮皇居ご出発、白河へ

一　松島のまつかひありて陸奥の（赤坂仮皇居・草加）

明治九年六月二日、午前七時頃から赤坂仮皇居には有栖川宮熾仁親王、太政大臣三条実美、右大臣岩倉具視をはじめ多くの顕官が続々と伺候しました。午前八時天皇が出御され、皆の拝謁を受け、酒饌（酒と食物）を下賜されました。九時半皇后とともに発輦（天皇の車が出発をすること、以下出発）、千住駅（東京都足立区）に向かいました。通り道には、近衛練兵陸軍楽隊、近衛砲兵、鎮台兵諸隊、陸軍歩兵、海軍銃楽隊はじめ多くの人々が威儀を正して整列しお見送りしました。皇后が千住までお見送りされるのを聞いた女性たちが、新しい時代の訪れを感じたのでしょうか。男性よりも女性の見送る人が多く感じられます。正午、千住（東京都足立区）の横尾龍助宅で昼餐（以下昼食）をとられ、ここで皇后と別れを告げられました。それに際し留守一切を預かる三条実美が、一首を献じました。

松島のまつかひありて陸奥の民もあふかかむみゆきならまし

午後一時ご出発、見送りにきた人たちとここで別れを告げられ、五〇日に及ぶ天皇の東北・北海道ご巡幸の旅がスタートしたのです。白根多助埼玉県令がご先導役をつとめました。行く先々で天皇は水車を回す人や働く婦人たちの姿など、庶民の生活をつぶさに見られながら進まれました。人々の衣装は県令の命令によって皆清潔なものを着用していました。小橋を過ぎ、東京と埼玉の境である瀬崎村に至りました。ここで警視・警部は交替し、午後三時に草加駅（埼玉県）に入りました。東京府知参事とも、当地で別れを告げられました。この日の行在所（天皇の行幸の際の宿泊所）は、大川弥惣右衛門宅です。今回の巡幸は大きな国家的な行事ですが、できるだけ沿道住民の迷惑にならないようにとの配慮から簡素を旨とし、一行の人数も上下二五〇名に過ぎません。明日の出発を午前七時と定め、それぞれの思いを胸に深い眠りに就いたのです。

二　筑波根のみねといつれか高須賀の（越谷・古河・小山）

六月三日は晴れの日で午前七時草加駅をご出発、蒲生村では男女二〇〇人が総出で行う田植えの様子を視察されました。馬が踏む水車から流れる豊かな水が田園を潤し、のどかな歌声も聞こえ、爽やかな風が吹いて、まるで一幅の絵のようです。木戸孝允はそれを歌に託しました。

君のため民のうゝる田車たて君のみますも亦民のため

越谷駅で小休止し、一一時粕壁の竹内彦右衛門宅で昼食をとられ、そのあと書画などをご覧になられました。三時に行在所となる幸手の知久文造宅に到着されました。ここで埼玉県令が天皇に拝謁し地勢や県政の概要、人口四五万五八九一人、石高五〇万石、本庁は足立郡浦和駅にあって、一三三人の吏員が働いていることなどをご説明しました。

天皇の意を受けた侍従番長米田虎雄が、武蔵国一宮氷川神社に神饌を供え、宣命（天皇の言葉を書いた文書）を伝えました。夜は侍従らに酒肴がくだされました。

六月四日は曇りのち晴れの天気で、午前七時ご出発。この日は完成間もない権現堂新堤を視察し、そこで小休止されました。利根川の氾濫で苦しんだ埼玉、葛飾両郡七四ヵ村の住民の宿願であったとはいえ、完成するまでの苦心惨憺の様子を聞き、その最大の功労者二名に記念の品を下賜されました。さらにこの堤を、「御幸堤」と命名し、記念碑を建立させることにしました。埼玉県令が駕（牛や馬に引かせる乗物）に寄り添い、行く先々の地理や民情についてご説明しました。東方の雲の晴れ間からは筑波山（茨城県南西部）の双尖が、まるで聖駕（天子の乗物）を迎えるように姿を現してきました。標高八七七メートルの筑波山の峰は二つに分かれ、西が男体

二　筑波根のみねといつれか高須賀の（越谷・古河・小山）

山、東が女体山と呼ばれ親しまれている秀峰です。「西の富士、東の筑波」と称せられ、風土記や万葉集には嬥歌・歌垣（古代の風習で、春秋に多数の男女が飲食を携えて山の高みや市などに集い、歌舞を行ったり、求愛したり性を解放したりする行事）の風習が古来の歌枕として登場し、農業神としても知られ信仰登山が盛んです。

『万葉集』には、

　利根川の川瀬も知らすただ渡り波にあふのす逢える君かも

『古今和歌集』東歌には、

　筑波嶺のこのもかのもに蔭はあれど君がみかげにますかげはなし

などと詠まれました。鎌倉時代以降は山岳信仰の山として知られ、筑波山神社と筑波山大御堂が開かれました。そのような感慨にひたりながら高崎侍従が歌一首を詠みました。

　筑波根のみねといつれか高須賀の堤築きし民の功は

九時に栗橋駅に着輦（天皇の乗物が目的地に着くこと、以下到着）、小雨のなか池田鴨平宅で休息をとられ、盆栽や書画などをご覧になられました。ここで茨城県参事本田親英が天皇に拝謁し、利根川の堤にご誘導され楼船（屋形船）に乗船されました。水夫たちが力を合わせ舟を曳きます。中流では水夫数人が水底に潜って大きな鯉数匹を抱きかかえるようにして水の上に持ち上げると、その鯉が船の上で元気よく飛び跳ねています。官馬二頭を乗せて渡っていた船から、一頭の馬が誤って川に落ち、他の船で救い向こう岸までたどり着くというハプニングもありました。利根川の流域は、群馬・栃木・埼玉・茨城・千葉の五県にまたがり、一万六八四〇平方キロメートルに及ぶ、関東平野を貫流する日本最大の川です。利根川は坂東太郎ともいわれ、新潟県と群馬県の県境にある大水上山（標高一八三四メートル）に水源を発し南東へ流れ、銚子で太平洋に注いでいます。主に鯉、鯰、鰻を取って生計をたてている人たちが多い土地柄です。埼玉と茨城の境なので、埼玉県の警部、巡査らはここで天皇の前を辞しましたが、県令は夕方まで行在所にとどまるように仰せつかりました。

　中田駅を過ぎたところに光了寺という寺があり、源義経の愛妾静御前の蛙蟆龍の舞衣や義経形見の懐剣、鐙などを所蔵していると伝えられています。蛙蟆龍の舞衣は、後鳥羽院の御代であった寿永二年（一一八三年）に大変な日照りに見舞われた折、高僧を招き雨乞いをしても雨が降らないので、一〇〇人の舞姫を集め次々に雨乞いの舞を舞わせるうち、一〇〇人目の静が踊ろうとした時、天皇が静に御衣を与えその御衣で舞ったところたちまち大雨が降ったといわれています。静御前は、義経が陸奥にいると伝え聞き、思慕の念やみがたく、鎌倉を辞したのち義経を追ってこの地まで来ましたが、病を患いここで没したと伝えられています。

　ご一行はここから青々とした松の木の街道を通って古河駅に至りました。古河は江戸幕府の功臣土井氏ゆかりの地です。古刹鮭延寺（茨城県古河市）には熊沢蕃山（一六一九～九一年）の墓があります。蕃山は中江藤樹に陽明学を学び、岡山藩主池田光政に仕えたのち板倉重矩の斡旋で明石藩松平信之のもとに身を寄せ、松平氏の古河移封のあと当地に招かれました。しかし古河滞在中、参勤交代制などを批判した『大学或問』の著が幕府の忌諱に触れたため、幕命によって禁固の身となりこの地で没しました。ここで天皇は時間がとれず、侍従を遣わしこれを弔いました。

　鮭延寺の由来については、次のようなエピソードが伝えられています。鮭延秀綱（一五六二～一六四六年）が、関ヶ原の戦いに呼応して直江兼続率いる上杉軍が最上家の長谷堂城を包囲したとき、秀綱は部隊を率いて上杉本陣に迫るなどの奮戦ぶりを見せました。戦国時代に東北地方の群雄争乱を描いた『永慶軍記』には、名将直江兼続をして「鮭延が武勇、信玄・謙信にも覚えなし」と言わしめたとあり、後日兼続から褒美が遣わされたといわれます。戦後に最上家が出羽山形五七万石に封じられると、秀綱には真室城一万一五〇〇石が与えられました。江戸時代に入り最上家は相次ぐ内部の争いにより改易され、秀綱も佐倉藩主土井利勝のもとに預かりとなりました。のちに最上騒動の不始末を許されてからは土井家に仕えますが、与えられた知行五〇〇〇石を山形以来の家臣に全て分け与え、自身は家臣のもとを転々として暮らしたともいわれています。寛永一〇年（一六三三年）四月の土井家転封に伴って古河に移り、正保三年（一六四六年）この地で没しました。秀綱の遺徳を偲んだ家臣たちによって鮭延寺が建立されたと伝えられています。

一つ一つの歴史に思いを馳(は)せながら進まれ、篠崎周之助宅で昼食をとられたあと茨城・栃木県境の野木駅に至りました。左には太平山(おおひらさん)が望めます。栃木県令鍋島幹(なべしまみき)に出迎えられ、先導され、間々田(ままだ)駅の青木儀三郎宅で小休止したあと、四時小山(おやま)駅に到着しました。

行在所は若林庄次宅で、本田参事を召して県政の概要の説明を受けられました。茨城県の地勢、そして人口は八五万八九二八人、石高一一三万五〇〇〇石、本庁は茨城郡水戸にあり、吏員は一〇三名などとの奏上がありました。埼玉県令が行在所を訪れ別れを述べました。特に権現堂新堤にかかる特段の配慮について礼を述べましたが、それは県令の力添えがあったればこそと御盃を賜ったので、県令は感涙し謝意を表しました。

三　日の光りてらさん今日を山の名に（宇都宮・日光）

六月五日午前七時五分、行在所を出発したご一行は、戊辰戦争時の小山戦争激戦地跡を通り抜けました。西北に突如日光の山が雲間から姿を現し、天皇を迎えて全山が喜びに輝いているようです。

宇都宮駅に向かう際、駅口では鎮台兵一連隊が整列式を行いました。そこに石標があり、宇都宮最後の藩主戸田忠友が建てた蒲生君平里の五字が記されていました。天皇はそれを輦窓から親しくご覧になられました。林子平、高山彦九郎とともに「寛政の三奇人」といわれる君平（一七六八～一八一三年）は、宇都宮の町人の子として生まれました。一八歳で『正名論』を著し、水戸学の立場を確立した水戸藩士藤田幽谷（東湖の父）と交わって感化を受け、節義と憂国の学風を磨きました。祖先が蒲生氏郷の子孫であるという家伝に従い蒲生姓に改めました。蝦夷地でロシアとの衝突が起こった時、北辺の防備を憂いて陸奥を遊歴し、翌年歴代天皇の陵墓の荒廃を嘆いて『山陵志』の著述のため京都に旅し、また水戸や仙台で有志と交わりました。そして大学頭林述斎に文教振興について建議するとともに、当時懸念されていたロシアの進出に対し国防論を建白し、その中で士族に頼るのではなく、民兵を用いることが得策であると論じた『不恤緯』を著して国防の啓発に努めました。彼の事績と思想は、内外の危機に対する民間有志の先駆をなすものです。天皇はここで二人の先覚者の功績を追懐され、祭粢料を下賜されました。

三時一五分この日の行在所である宇都宮鈴木久右衛門宅に到着しました。五時宇都宮城址及び鎮台分営に行幸され、大隊の操練及び体術運動等を視察、士官以下に酒肴料をくだされました。

六月六日は雲一つない晴れの日でした。午前七時宇都宮を出発される時も、鎮台の兵士は前日と同じように整列してご一行を見送りました。道の両側の松や杉が緑織りなすなかご一行は粛々と進み、大沢(おおさわ)駅の安斎周吾宅で昼食をとられました。今市(いまいち)駅の栃木県警察出張所で小休憩され、七里(しちり)村等を経て、午後四時行在所となる日光満願寺(まんがんじ)に到着されました。栃木県参事藤川為親(ためおや)、同県裁判所七等判事、満願寺住職、二荒山(ふたらさん)神社権宮司、東照宮宮司らが天皇に拝謁しました。この夜は、寺が所蔵している古器物や、万里小路正房(までのこうじなおふさ)の和歌、蒲生君平『山陵志』序文の稿本(こうほん)等が天皇の天覧に供されました。高崎侍従が歌二首を詠みました。

　日光にて

日の光りてらさん今日を山の名にかけて待ちしや久しかりけん

　つとめて行在所に来るとて

玉くしけ明る二荒の山風に衣手寒し杉のした道

六月七日はあいにく大雨でした。午前六時国幣中社二荒山神社別格官幣社東照宮に勅使が遣わされ、供物(くもつ)を捧げられました。午前八時ご一行は出発、徳川家康を祀る東照宮や日光修験の二荒山神社、三代家光を祀(まつ)る大猷院(たいゆういん)などをご覧になり、竜光院で休憩をとられたあと、一一時お戻りになられました。この日は、家康が関ヶ原の役において用いた甲冑（かっちゅう）をはじめとするおびただしい珍宝器什（ちんぽうきじゅう）をご覧になられました。

日光の地名の起源は仏教語で、男体山の山岳信仰に発した、観音の浄土という補陀落（ふたら）の名による「二荒山」の山号から起こったと伝えられています。「二荒」の字をニコウと音読し、それに「日光」の字をあてたものです。日光周辺の大半は那須火山帯に属する山岳地であり、北関東最高峰である白根山（標高二五七八メートル）をはじめ、古くから信仰の山として名高い男体山（標高二四八六メートル）、今なお火山活動が活発な那須岳（標高一九一七メートル）などの山岳が分布します。また、これらの山麓には高原が広がり、その中に火山活動に起因する湖沼や壮大な瀑布、紅葉の美しい渓谷が彩りを添えています。また、神社仏閣をはじめとする数々の歴史的建造物とそれを取り巻く自然景観との見事な融合が見られます。天皇は大自然の中に燦然（さんぜん）と輝く景観を十分楽しまれました。

午後五時、雨はようやくやんできた行在所において、天皇が家康に授与された文書をご覧になられました。これは家康が初めて従五位に叙せられてから正一位太政大臣までの宮官を賜った叙位の旨を記したものです。岩倉ら供奉の人たちもそれぞれの思いを歌や漢詩に託しました。

小倉春暁

をくら山みねの横雲たちわかれ花よりしらむ春の曙　　岩倉具視

三　日の光りてらさん今日を山の名に（宇都宮・日光）

小菅夕照
ゆう日かけさしこそわたれ浮雲のうきてたたよふ山管の橋　　東久世通禧

四　朝またきをまし所を立出て（中禅寺湖・華厳の滝・宇都宮）

六月八日午前七時半快晴のなか中禅寺に向かわれました。天皇は輿に乗られ群臣は馬に乗って従いました。周囲を巡り馬返村の伊藤幸七宅で小憩し、その先中禅寺にいたるまでは険しい道が続き馬で行くことができないので、供奉の者は皆、輿を中心にして歩みました。中の茶屋、不動堂で御野立をし一〇時半湖畔の中禅寺に達しました。眼前には中禅寺湖が横たわっています。中禅寺湖は男体山の溶岩によってできた堰止湖（せきとめこ）です。おもな流入河川は戦場ヶ原（せんじょうがはら）の湯川で、北東岸から大尻川が流出して華厳滝（けごんのたき）をつくっています。

湖面は標高一二六九メートル、四平方キロメートルの大きな湖で戦場ヶ原が広がっています。戦場ヶ原の謂れは、男体山の大蛇と赤城山の大百足がここで死闘をくりかえしたという伝

四　朝またきをまし所を立出て（中禅寺湖・華厳の滝・宇都宮）

説によるといわれております。天皇は湖畔を逍遥されました。住民が飼っている鹿を天皇にご覧いただくため連れてきましたが、相応の対価を与え鹿を放させますと、鹿は大きくひと声鳴いて深い山の中に入っていきました。まるで鹿が天皇に感謝しているように思われたひと時です。天皇は華厳の滝もご覧になりました。華厳の滝は裏見（うらみ）滝、霧降（きりふり）滝とともに日光三名瀑（さんめいばく）の一つで、仏典の言葉により命名され、下流の華厳渓谷には白雲（しらくも）・涅槃（ねはん）・般若（はんにゃ）・方等（ほうとう）・阿含（あごん）などの滝が続いています。雄大な瀑布（ばくふ）は人の心を奪うような轟音（ごうおん）をたてて流れ落ちています。滝の下で何かうごめくものを発見し、それを確かめるため鍋島県令が数名とともに鉄縄門を取り除き降りていきました。報告によると大きな猿がいるというのです。望遠鏡で確認すると大きな猿が背に小猿を乗せ、まるで乳母が児をあやしているように見えます。滝の周辺では岩燕（いわつばめ）が乱舞しています。天皇はそれをしばしご覧になられていました。高崎侍従が歌を詠まれました。

　たちよるもあやふき滝のいは燕つはさかさなん霧のそこみん

六月九日はあいにく小雨で、日光を下り大沢駅に到着しました。東京から来た西四辻公業（にしよつつじきみなり）侍従が梅宮様（薫子内親王）薨去（こうきょ）（皇族等貴人の死去）を報告、西四辻侍従は歌を詠み皆は深い悲しみにくれました。

　宇都宮の駅に着ける日
宇津の宮うつゝの夢のたとりきてきこへあくへき言の葉もなし

　大沢の駅にて

　　烏羽玉の黒髪山のほととき す昨日や如何に聞へあけゝん

　この日の行在所は五日と同じ宇都宮の鈴木久右衛門宅です。

　六月一〇日は曇りで、天皇は公務を優先されご巡幸の旅は続けられることになりました。東京から来た西四辻侍従が一首を詠じ、悲しみをこらえ帰京の途に就きました。

　　宇都宮より帰京の折

　朝またきをまし所を立出て来てもかいなき旅衣かな

　この日内務卿大久保利通に従い先行していた北代正臣（きただいまさおみ）内務権大丞（ごんだいじょう）が、宮城県の松島・塩竈の景勝地巡覧のことを書簡で上申してきました。晩には大雨になりましたが、栃木県令を召して県勢の概要など親しくお尋ねになられました。地勢は東から西に変わり、地形的に東部の八溝（やみぞ）山地、西部の帝釈（たいしゃく）山地と足尾（あしお）山地、それらの間を南北に延びる中央平地とに大きく三分されています。八溝山地の山並は丸みを帯びるものが多く、那珂（なか）川水系の小谷が発達しています。谷深く山険しい西部の山地には、関東の秘境といわれるような場所もあり、奥日光など優れた自然の景観や温泉に恵まれています。南流する河川の多い中央へ平地は南に開けるばかりでなく、福島県内陸の中通り低地と地形的に連続しているため、古来より東北地方への通路としての役割を果たしてきました。海に面していないので気候は内陸性で、年間を通して寒暖の差が大きく、四季の変化に富んだ県です。一二郡、戸数一三万一八九八戸、人口六六万五七二四人、石高九四万六〇〇〇石、本庁は下野国都賀郡栃木駅にあり、吏員は百余名との報告内容でした。この夜は勅任諸官を行在所に召して、食事をともにされました。

五　氷売る声も枕にかよひきて（鬼怒川・喜連川・那須野・白河）

六月一一日は曇り空のもと、午前七時鎮台の兵士の見送りを受けながら宇都宮を出発、白沢駅区務所で小休止されたあと鬼怒川に出ました。この川は栃木県北西部を水源として、鬼怒川温泉を南流し関東平野に出て東流、宇都宮付近から再び南流し、茨城県守谷町で利根川に合流します。古くは毛野川あるいは絹川ともいわれましたが、鬼が怒るような荒川であったことから、その名がついたといわれています。

県官の命を受けた地元の人たちが、鱒・鮎・鰍を捕らえて天皇にお見せしました。川の東側に阿久津（栃木県高根沢町・氏家町）という集落があります。ここは阿久津河岸といわれ人や荷物の積み卸しをした場所で、江戸時代は氏家宿を背景に鬼怒川上流部最大の河岸として、奥州諸藩からの廻米（かいまい）や特産物の集積地として栄えたところです。水流の少ない川ですが、果たしてきた役割や恵みにははかり知れないものがあります。

阿久津の若目田久吾宅で小休止されました。五層楼があり、その趣は東京から東には見ることのできない豪勢さです。最上階から見る林や田園、山々の美しさはまるで一幅の山水画のようでした。氏家の檜山六三郎宅で昼食をとられました。喜連川（きつれがわ）に近づくにつれ、ご一行を一目見ようとする歓迎の人々が集まってきました。喜連川は那珂川支流の荒川を狐（きつね）川と称したことがこの名前の由来であるといわれ、奥州街道の宿場町として栄えたところです。

赤子を背にした者が、お側に近づき片紙（へんし）（紙切れ）を捧げ差し出しました。香川大丞（たいじょう）がこれを受け取り一見すると、那須郡中井上（なかいのうえ）村の農民見目豊治が、この度のご巡幸を祝う歌を献上したものです。

栃木県　見目豊治（那須郡中井上村農）

ありかたき御幸をおかみ立かへり稲を作りて御世につかへむ

喜連川で小休止された時この旨を天皇に奏上しました。豊治には天皇にお伝えした旨を県官から伝えると、豊治は感泣（かんきゅう）して恭しくその場を立ち去りました。空はいまにも雨が降り出しそうです。千島橋、信楽橋を過ぎ下河戸（しもこうと）村に到着しました。ここでは村民皆が力を合わせ、天皇にお休みいただくための野外休息所となる野立を設けお待ちしていました。天皇はその心根を大変喜ばれ記念の品を贈られました。次第に空は薄暗くなり猛雨に見舞われました。急いでこの日の行在所となる佐久山の印南金三郎宅に入られました。

六月一二日はあいにく薄曇りで、午前七時ご出発されました。箒川という渓流を見ながら進むと整然とした赤松並木に出ました。昨夜の雨で道路は進みにくく困難を極めました。親園村の牧牛会社の矢吹真一宅で小休止された時、アラビア種といわれる牝馬二頭乳馬二頭が天皇にご覧いただくため引かれてきました。

そのあと蛇川を渡り那須野に到着されました。那須野原は那珂川・熊川・蛇尾川・箒川などによって形成された複合扇状地です。明治二一年（一八八八年）那珂川から取水し那須扇状地を南西に横断する那須疏水が開削され、これによって農地が灌漑されました。福島県の安積疏水、滋賀県の琵琶湖疏水とともに日本三大疏水の一つです。那須岳南東麓には広大な那須高原が広がり、久保村では協同会社の飼育している四〇〇頭の馬が放たれ気のむくまま遊んでいました。臥している馬や、馳せている馬、嘶いている馬など壮観な眺めで、天皇はしばしお楽しみのご様子でした。越堀の藤田光三郎宅で昼食をとられたあと、川底まで澄んで見える水清らかな笹川を渡りました。

那須岳が天皇ご一行を歓迎しているように輝いて見えます。福島県南部、栃木県北部にまたがる那須岳は、標高一九一五メートルの主峰茶臼岳（ちゃうす）・三本槍岳（さんぼんやりだけ）・南月山（みなみがっさん）・朝日岳、黒尾谷岳（くろおや）の五峰からなり、遠くからも噴煙が見られる活火山で、山麓には温泉が多数流出し、湿地帯にはザゼンソウやワタスゲなどの湿性植物も見られる自然豊かな場所です。それはまるで絵の中を進んでいるようにさえ思われました。ご一行は雄大な眺めを楽しみながら進み、行在所である芦野（あしの）の戸村謙橘宅に到着しました。

この日栃木県令に杯を下賜されその労をねぎらうとともに、木村半兵衛、伏見近蔵の徳行を賞して記念の品も下賜されました。

木村は下野国（栃木県）足利郡小俣村の商人で、貧民を救うため自費で倉を建て玄米五〇〇俵を蓄え凶作に備え、また数百円支出して士族を助けるため道路・橋梁・堤防を修築し、また新聞を購入し区内各村に配達させている。また所有する三〇〇坪の土地に学校を建て、書籍などの購入のため五二〇〇余円を提供するなどした。それを嘉賞して晒二疋を賜う。

伏見は上野国新田郡藪塚村の農民で、維新以来勧農に業績をあげた。従来雨水に頼っている灌漑用水確保のため、一五〇年前の寛文年間（一六六〇年頃）に計画された偉業を達成すべく総費用四七三〇円のうち二〇五〇円を供出し、これによって募集に応じる人々が多数にのぼりこの事業が成功した。それを嘉賞して晒二疋を賜う。

六月一三日は快晴で心地よいそよ風が秋を思わせるような日でした。東京を出発されて十数

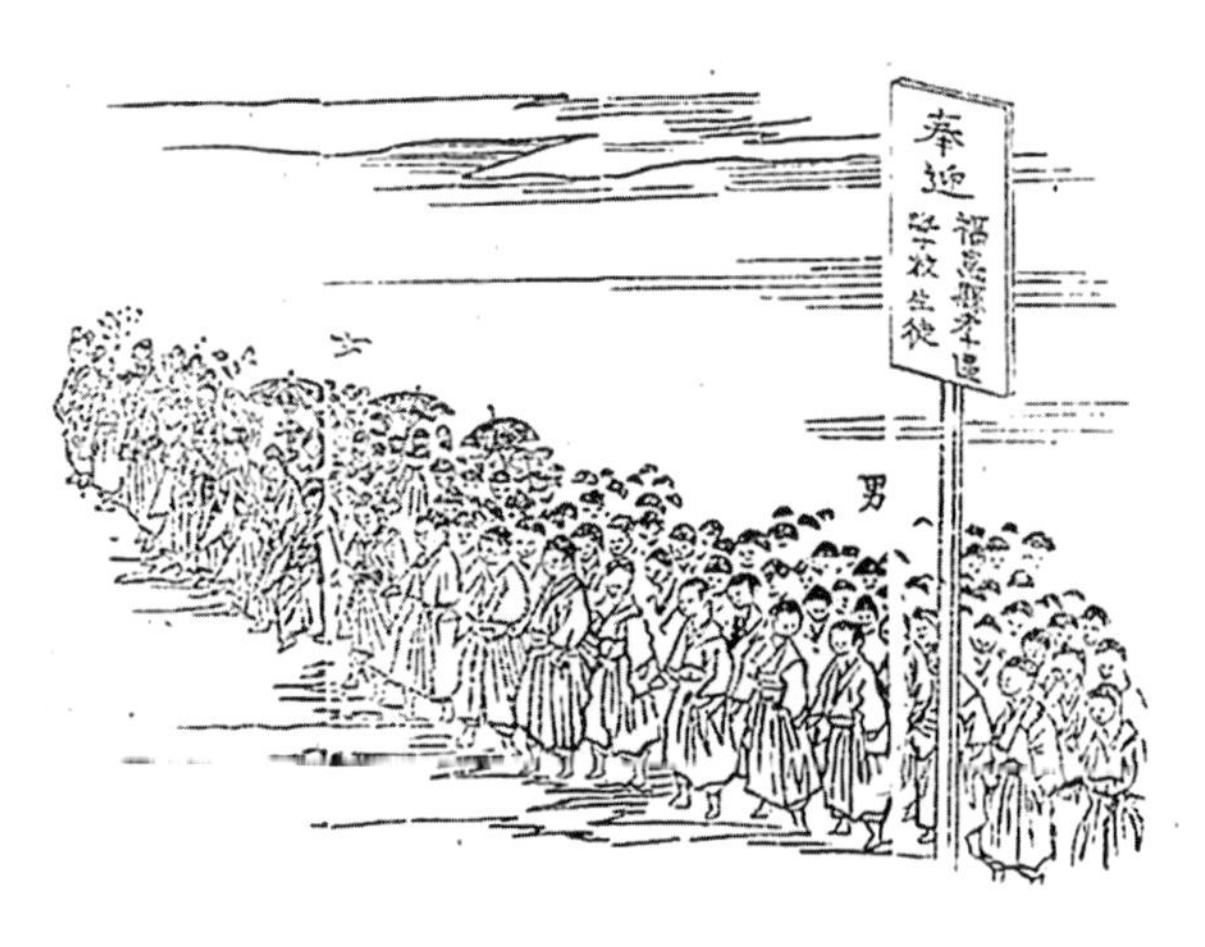

2000人余りの生徒の歓迎風景

日たらずですが、これだけの気候の違いにはただただ驚くばかりです。そこに住む多くの人々はまだ綿衣を着ています。午前七時ご出発、その日も道は屈曲迂回していましたが、前日の険しさとは比べものになりません。

白坂（しらさか）駅の戸上弥作宅でお休みになられますが、ここに福島県参事山吉盛典（やまよしもりすけ）が天皇を出迎えられ、境明神の社頭に至りました。ここは下野国（栃木県）と岩代国（福島県と宮城県の一部）との境です。ここで福島県吏と栃木県吏が交替しました。白河駅に近づくと中国の西湖（せいこ）を思わせるような景勝地が見えてきました。享和元年（一八〇一年）白河藩主松平定信（さだのぶ）が造営した日本最初の公園といわれる南湖（なんこ）公園です。沼沢地を堰（せ）き止め、周囲には共楽亭（きょうらくてい）などを建てて民衆に開放したものですが、かつてここは汚水が縦横に流れ、荒れ果てていた湿原谷地でした。この汚水を取り除き堤を築いて、清らかな水を注ぎ込んだのです。加えて荒れた谷地を開拓して良田とし、湖畔周辺には花樹を植栽したので、辺りの景観は一変し周りの人々は大変驚いたと伝えられています。

南湖のいわれは小峰城（白河城）の南にあることと、李白の詩の一節「南湖秋水夜無煙」に因んで名づけられたといわれ、公園北東部には定信を祀る南湖神社があって桜の名所となっています。桜の季節には雪を頂く那須連峰と調和し、桜花爛漫の景色を堪能させてくれる場所でもあります。

近くには戊辰の役の時奥羽諸藩との激戦により戦死した薩長大垣藩士一三人の墓と記した石標が建っています。その場に天皇は駕をとどめて感慨深く見守られ、木戸公は馬から降りて戦士を弔う詩を詠みました。近くには古代大和朝廷の前線基地である白河の古関があります。古代の旅人は奥羽へ入るには白河関（福島県）、勿来関（福島県）、鼠ケ関（山形県）の奥羽三関いずれかを越さねばならず、天皇も供奉の人々も改めて当時の旅人に思いを馳せました。

九〇〇年代後半に、平兼盛（生没年未詳～九九〇年）が白河関を越えました。

たよりあらばいかで都へ告げやらむけふ白河の関は越えぬと　『拾遺和歌集』

それから数十年後（一〇二五年頃）能因法師が白河関を越えました。

都をば霞とともに立ちしかど秋風ぞ吹く白河の関　『後拾遺和歌集』

兼盛の和歌は、距離的に遠く離れた故郷（家郷）に思いを寄せて詠んだものですが、能因は漂泊の思いを距離だけでなく時間的経過も込めて詠んでおり、旅愁はさらに深みを増しています。白河の呼び名は都と陸奥の距離を埋める言葉であり、そこには未知なる幽玄さをも感じさせ、白河関を詠（うた）った趣深い数多くの歌が生まれたのです。

天皇に随行してきた香川敬三宮内大丞も歌を詠みました。

白河のへにて郭公の声を聞く

我おもふ人に告てよ郭公　けふ白河のせきは越ねと

次に天皇ご一行は白河城址の八幡台に行かれ、ここで矢田部才助という者が、山根一五ヵ村の牧場で飼育している馬一五〇〇余頭を集めて台下に放した様子をご覧になりました。馬は走り回っているのもあれば、臥したり戯（たわむ）れたり、乳を飲ませているものなどさまざまで、壮観な眺めを満喫しました。馬は皆才助が飼養を指導したものなので、天皇は才助を側にお召しになって話を聞かれ、その努力をお褒（ほ）めになられました。また戊辰戦争の時、その様子をつぶさに見た白川町の町人金子茂左衛門、近藤初太郎の両人から岩倉右大臣が詳細に話を聞き天皇に伝えました。急に雨が降りそうになったので、急いで行宮に戻られますが、高崎侍従が歌一首を献じました。

白河の旧城に臨幸ましましてところのもの召していにし

第一章　赤坂仮皇居ご出発、白河へ

　戊辰のとしの戦争のことどもきこしめしける時
あだ波のたち騒きしも時のまにむかしと成ぬ白河の里
この日、川面村では小学生が路傍に華やかな服装で二〇〇〇余名が、八〇歳以上の翁媼も多数お迎えされました。
　夕方は道路沿いの家々が明かりを灯（とも）して歓迎したので、まるで昼間のような明るさです。この日は白河の行在所は芳賀源左衛門宅です。
　一日の想い出を振り返り高崎侍従番長が歌一首を詠みました。
　白河にやとりける夜
氷売る声も枕にかよひきてたひねすゝしき白河の里

第二章　白河から白石へ

一　あなうれしひなのはてにもなてしこの（矢吹・須賀川）

六月一四日は晴れで午前七時ご出発され、阿武隈川を渡られました。阿武隈川は那須火山群の三本槍岳東斜面に源を発し、福島県中通り地方を北流して宮城県亘理町で太平洋に注ぐ、全長二三九キロメートル、北上川に次ぐ東北第二の大河です。川の名は「大きな屈曲した川」という意味で、古くは大隈川と呼ばれていました。

ご一行は小田川・踏瀬・矢吹・笠石を経て須賀川に向かわれました。矢吹駅では入口に、七、八歳から一五歳までの二五〇〇人の生徒が出迎えました。男女別々に、男子は白または黒の西洋服を着て列を正し、学校ごとに奉迎と書いた旗を先頭にして、先生の指揮に従いながら隊伍を乱さず進んできました。天皇のお乗物を見出すと道端に整列し、ご一行が通り過ぎるのを行儀正しく見守る姿は、まさに優美な振る舞いで皆感心させられました。道々は天皇をお迎えする人々が多く、須賀川では須賀川小学校の生徒をはじめ近辺の生徒二〇〇〇人が羽織袴や洋服に身を包み旗のもとに整然と行動、その様子から、福島県においては教育行政が良く行き届いていることをうかがい知ることができました。

さらに道路も綺麗に整備され、危険防止も行き届いています。須賀川駅の南入口では神官が祭服を着し、僧侶は三衣（袈裟）をまとってそれぞれ奉迎の旗を立てお迎えしました。ある場所では八〇歳以上の高齢者が一群となってお迎えするなど、道路だけでなく、麦畑の側も田の畦も樹木の間も歓迎の人々でいっぱいです。飴売り・饅頭売り・ところてん屋・おでん屋などが店を並べる賑わいは、まさに鎮守の祭礼のようにも見受けられました。午後二時半須賀川の行在所に当てられた旧白河県庁舎（旧福島支庁）に到着されました。ここでは二泊の予定です。須賀川は福島県中通り地方南部に位置し、「川の州のあるところ」の意で、奥州街道の宿駅であり市場町として栄えた場所です。また俳人相良等躬（一六三八～一七一五年）、銅版画家亜欧堂田善（一七四八～一八二二年）の出身地です。県官が田善の油画及び銅版画等を天皇にお見せしました。田善は本名を永田善吉といい、はじめ谷文晁らに学び、のち西洋画法と銅版技術を修めた江戸後期を代表する銅版画家です。天皇は感慨深げにご覧になられました。

午後四時、岩倉具視と木戸孝允らは天皇の命により県官の案内で町の北側にある病院を視察しました。これは県下に二つしかない病院のうちの一つで、夏の間は福島の方面の病人が多くこちらは少ないという説明でした。その原因を尋ねられると県官は、こちらの病人は皆農家の人たちなので、夏の間は養蚕、製茶、田植えなど農業に忙しく、入院して治療する時間がないということで、農家の人たちの苦しい生活環境をうかがい知ることができました。この病院が建った頃は、病院のことがよく分からず利用者も少なかったのですが、次第に病院に対する理解や信頼も深まってきているという実情も知ることができました。須賀川の町は白河に劣らぬ賑やかな町で、この日は晴天でもあり、夜は家ごとに軒提灯（ちょうちん）を灯して、市中は昼間のように氷売りの声も絶えません。さらに明日ご一行は産馬会社へ行かれるというので、その支度（したく）のため町は混雑し、各地方の士族農商老若男女も天皇をひと目見ようと集まってきました。どの店も多くの人で活気づき、小学校の生徒までが嬉しそうにお迎えの時の衣服のまま市中を歩いていたり、消防の人たちは揃（そろ）いの半纏（はんてん）を着て、天皇ご宿泊場所の警護をつとめるなか、夜も次第に更けていきました。

木戸孝允、高崎侍従番長はこの日一日の想い出を歌にとどめました。

駅々に小学の生徒らのいとあまた道のほとりに
居並てお車拝し奉るを見て
あなうれしひなのはてにもなてしこのみをむすふへきはなそしけれる

木戸孝允内閣顧問

昨日こそ種を蒔しか教草野にも山にも茂り合にけり

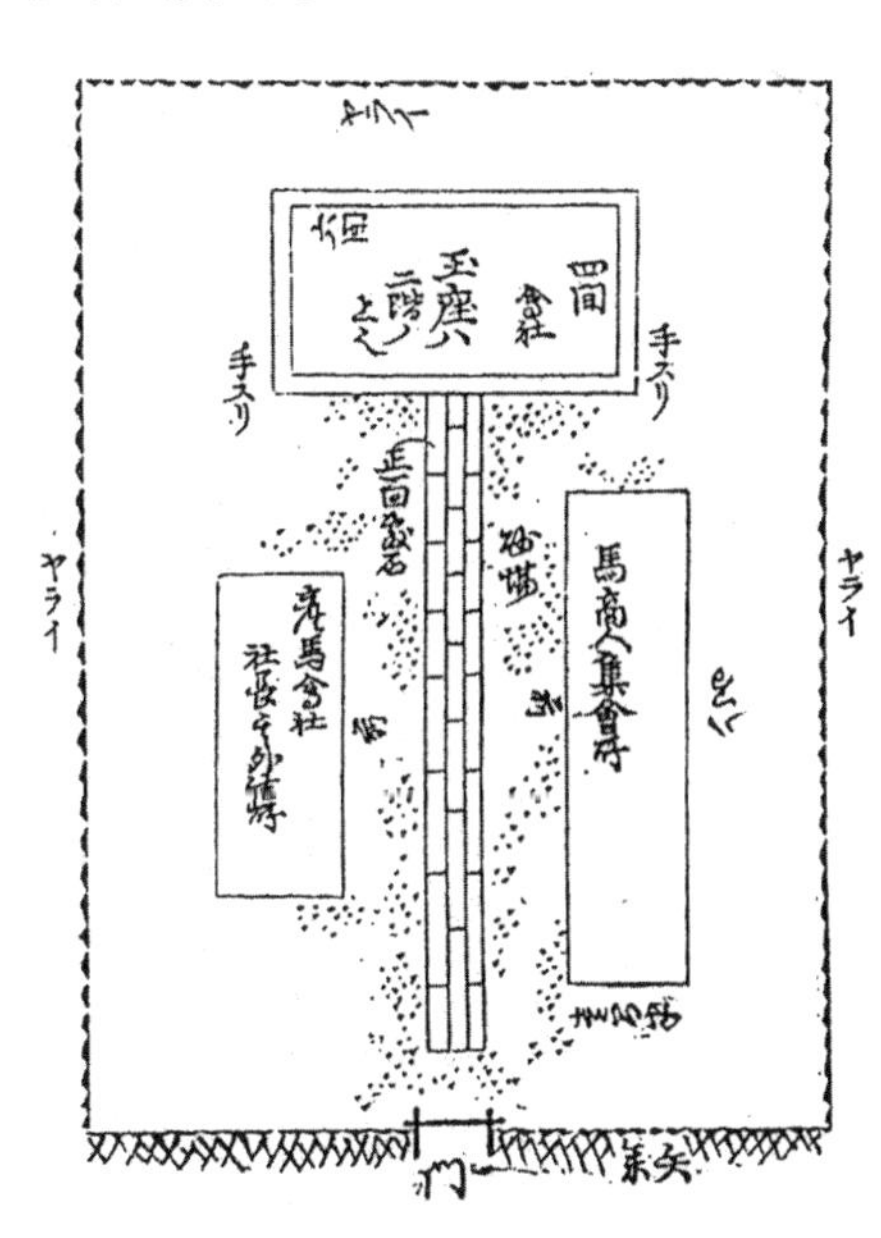

15日正午　産馬会社で550頭の馬をご覧

高崎（正風）侍従番長

六月一五日も晴天に恵まれ、正午行在所から馬車で産馬会社へ向かわれました。天皇に従う岩倉、木戸をはじめ供奉する人たちは皆徒歩です。産馬会社は行在所から七〇〇メートルほどの距離にあり、二階建て西洋造りの建物で、天皇は二階の部屋にご案内されました。産馬会社では、天皇がお進みになる途中で馬をご覧になり楽しまれるようにと、二歳の子馬三〇〇頭とその母馬二五〇頭を道筋に並ばせる心配りをしていました。天皇はそれを馬車の中からご覧になり楽しまれました。天皇ご一行がご覧になられたあと、馬はそれぞれ馬主に引き渡されました。会社内にしつらえられた玉座の正面に良馬が引き出され、お座りになられた天皇にご覧いただきました。そのなかには昨年内務省勧業寮より払い下げられたアラビア馬もいて、ぜひ献上したいとの申し出もありました。馬商の詰め所には常陸・房総など周辺の馬商人がたくさん詰めかけています。この会社では毎年九月頃、馬の競市が行われる慣わしですが、今年は天皇の御前で馬市の緊迫した様子を直接見ていただくのだと周知したので、われこそはこの機会に良い馬を買おうと馬商がたくさん集まってきたのです。

馬市では馬主の姓名が呼ばれると、馬を引いて正面の敷石と馬商の詰め所の間の砂場に入ってきてそこで競りが始まりました。一人が五円と叫ぶと他の人が六円あるいは七円、八円と呼応し、数十人の人が自分の目で値踏みした値で競り合うのです。肥痩骨格によってその馬の値が決められ、馬主が了解すれば取引は成立です。成立した時は手を打って約束するのが慣例になっています。聞き馴れない言葉のやりとりを聞いて笑っている人もいます。値が決まった馬は社員がこれを帳簿に記し、買主は馬主から馬を受け取って所定の場所へ引いていきます。この馬を手打馬と称し上中下と分けて、高値をつけて売ったものには「上馬をつくりし賞」として上は一円五〇銭、中は一円、下は五〇銭、会社から褒美を馬主に与える慣わしで、この日は上の馬は三頭ありました。天皇の側の儀仗の騎兵も馬の側に寄ってなでさすり、これは実にいい馬などと褒め称えている光景も見られました。天皇は社員九名を召して畜産や馬市のことをお聞きになられ、皆の勤労を賞されました。

この日は残念な出来事もありました。天皇が産馬会社へ向かわれる途中一人の老人が短冊を差し上げようと御車の前に駆け寄ったのを、先頭の儀仗兵が旗の棒でこれを退けたのです。この行いは直訴(じきそ)などがある時、その管轄の庁を経たものでなければ受け取らないこととなっていたのでこれに従った処置でした。行在所に戻られこのいきさつを聞いた木戸は、その老人はおそらく君が代の万歳を祝すため歌を捧げようとしたのであり、直訴の例に従って突き返したのは大変気の毒で口惜しいことであると、その老人の行方を捜させました。住所や氏名そしてどのような歌を捧げようとしたのか、もし見つけ出すことができれば、その志を遂げさせてやろうとしたのです。しかし八方手を尽くしましたが、ついにその老人の行方は分かりませんでした。

二　天さかるひなの長道出でましを（郡山・本宮）

六月一六日も快晴で、午前六時四五分須賀川をご出発されました。須賀川の北に福島第二病院があり、天皇はお乗物の中からこの建物をご覧になられました。病院は小高い丘の上にあり、西洋風でなかなか立派な建物です。下には川が流れ見晴らしも抜群です。当初は馴染みが薄く受診する人も入院する人も少なかったのですが、最近は利用者が多くなったということをお聞きになりながら橋を渡り、森宿村に近づかれました。

須賀川小学校の生徒六～七〇〇人が道の両側に整列して天皇ご一行を見送りました。男子は皆黒い西洋服を着てビロードの帽子をかぶり、女子は皆友禅染の縮緬の着物、一二、三歳以上の女子は仙台平の袴を着け、化粧して花かんざしをさした様子は雅で大変可愛らしく、心を和ませられました。

それから滑川村、笹川村、日出山などの村々を過ぎて、九時郡山にお着きになられました。郡山は福島県中央部に位置し、古代には安積郡の郡衙（郡役所）のあったところで、それがその名のいわれです。近世は奥州街道の宿駅で、二本松藩の代官所も置かれ、また市場町として賑わった場所でもあります。天皇は郡山に入られるとすぐ中学校へ向かわれ、楼上の東端に設けられた玉座でひと休みされました。そのあと校内を親しく見て回られますが、生徒が深山から運んできた雪を献上したので天皇は大変お喜びになられ、供奉の人たちも生徒の志に感銘を受けました。郡山中学校は、ここに住む人たちの力によって建てられたのです。五千余円の建設費は学校区内の有志の出資で、半分以上が調達されました。また郡山は戸数一八〇〇戸を超える町で就学する年齢のものは八百余名いますが、そのうち四五〇人しか学校に通っていませんでした。貧しい人が多いため親が仕事に出ると、兄姉が弟妹の世話をしなければならないので、学校に通えないからです。そのため子守学校を郡山中学校の側に設置、その費用も町の有志の負担によるもので、福島県下の教育や学校に対する思い入れに皆感動しました。この場所からは郡山が一望でき、美しい風景は筆舌に尽くせません。

そのあと学校から西へ二キロメートルほど進み、新開拓地である桑野村の開成山にお着きになられました。この日の行在所となる開成館は三階建ての秀麗な建物で、墾田の中央に屹然と建っています。その側には鏡湖という湖があり、開成山は広大な平原です。

午後二時、この村を開墾するのに功労のあった開成社員二五名の人々が、山吉福島県参事、中條政恒権参事に連れられ御前に召され、右大臣岩倉具視よりお褒めの言葉を賜りました。午後四時からは岩倉・木戸らが、開墾された田畑や新築された家屋、橋梁、田畑、池塘を見て回りました。聞くところによるとこの辺一帯は茫々とした原野でしたが、中條政恒が窮乏した士族を救うため地元の人々に働きかけ開成社を結成して、莫大な資本金を準備し、広大な荒蕪地を切り拓いたということです。高いところは桑畑にし低いところは田畦にしました。視察を終え帰る途中、南の桑畑から梅津孫八という農夫が這い出してきて長さ三尺、胴回り一尺五寸の二本の夏大根を高く捧げ、「これを天皇陛下に献上してください」と叫んでいます。お付きの人も見事な大根でもあることなので速やかに行在所へ持ってくるよう話したので、農夫はその言葉に従い内膳課へ届けました。このような大根が採れるのは地味の豊かな土地であることを雄弁に物語っています。天皇は三階の欄干に立ってこの地の風景を心ゆくまで楽しまれ、日本の永い繁栄に確信をもたれたお喜びのご様子がお顔に表れていました。供奉してきたお付きの人々は思い思いのところを散策し、詩歌を書き留めるなど心静かなひと時を楽しみました。

六月一七日も青空が広がり、天皇は中條権参事を召して四方の山々についてお聞きになられました。中條は「北の一番高い山は安達太良山、その左端に遠く見えるのは置賜・若松の山々。左にある山は東岳と磐梯山、東方の山は伊達・信夫の山々です」とお答えしました。

教師に率いられた生徒たちが校庭で、天皇に体操をお見せしました。郡山中学校ではこのご巡幸に内閣顧問の木戸孝允が来るというので、千載一遇のチャンスとばかり、校名の扁額の揮毫を願い出たところ快く筆を取って、精神を集中して励めば、あらゆる困難を乗り越えることができるという思いを込め「金透学黌」の四大字を書いて渡しました。端正にして躍動感あふれている書体です。

九時過ぎ郡山中学校を出発、久保田、福原、日和田の村を通り安積山麓の下の道に差しかかると、古松が四、五本の枝を垂れ緑濃く茂っています。その下に青竹で垣を結び幕を張って、中央には玉座を設けお待ちしています。側で可憐な花を咲かせている姫菖蒲は、天皇に対する村人の心からの歓迎の気持ちを表すため移植されたものです。安積沼と称した場所と伝え聞いた高崎侍従が歌一首を詠みました。

かつ見ても安積の沼の浅からぬ民のこころそ汲てしらる、
遠くに見える秀麗な山が万葉の昔から歌枕に詠まれた安積山（額取山。標高一〇五六メートル）です。安達川を渡りさらに進み阿武隈川の奔流する様子を見ることができました。

一二時本宮へ到着、区会所で昼食をとられました。小学生四〇〇〇人余りが三、四列に並び天皇をお迎えしました。年齢七、八歳から一四、五歳までの生徒の衣服は質素です。この辺は農家の子供が多く、貧しい地域なのでしょう。この時ここに住む糠澤直之允という者が道の傍らに伏して高らかに歌を詠み上げました。

おしなべて道のほとりの山も皆靡き伏すらん御幸拝むと
天さかるひなの長路出ましを我が家の前に拝むたふとさ

午後一時過ぎ本宮をご出発、左手には標高一七〇〇メートルの安達太良山が聳えています。もう六月一七日にもなるのに、山の七、八合目以上はまだ鹿の子まだらの雪が残り富士山を想起させます。まして阿武隈川が眼前に見えていての風情は格別です。東北・北海道巡幸の旅に出て初めて暑さをおぼえ、供奉の人々も汗を拭っています。この地方は養蚕が盛んになり、いまが一番忙しい時期のようで、家ごとに桑の葉など持ち回って忙しく働いている様子をご覧になられました。田植えも一〇分の二、三ほど終了しているだけです。大麦は色づいています。山の中腹や松原の間などに多くの人たちが集まり天皇を歓迎しました。午後三時二本松にお着きになられました。この日の行在所は福島県の区会所で、二泊のご予定です。二本松は丹羽氏一〇万石の城下町として栄え、昔鶴松・亀松という二本の霊松が旅人の目印になっていた地名伝承のある場所です。

三　尋ね来て見れば安達の原もなし（二本松）

六月一八日は曇りでした。旧二本松城内にある製糸会社をご覧になるため、午前八時、行在所をご出発され、旧追手道からは、轅を手で腰の辺りまで持ち上げて運ぶ腰輿に乗られました。天皇がご覧になる製糸会社は二本松城主丹羽氏の居館跡にあり、東京にたとえていえば本郷の地形に類似し、追手の道は湯島の切通しを登って小石川へ下り込むような感じの場所です。一番高いところから見ると往事の繁栄の跡を偲ぶことができました。

製糸場は東西に分かれそれぞれ器械四台ずつを備え、一台に糸枠が一二ずつあり糸繰娘が一二人、糸の口出娘が一二人ずつ、合わせて一九二人の工女が働いていました。

三　尋ね来て見れば安達の原もなし（二本松）

二本松で戒石銘碑

この製糸場は明治六年（一八七三年）七月、大商人小野善助が起業して順調に事業を伸ばし、いつかは国益のため大いに役立とうとしたのですが、明治七年（一八七四年）善助は破産し、製糸場も廃業に追い込まれました。そこでいまの社長佐野理八らの意見を県官が聞き入れ、詳しく事情を調査して意見を取りまとめ上申しました。これによって官金一万三〇〇〇円を借り、年賦で返納する約束を取り交わして事業を継続できたのです。工女二百余名が華装美服で整列し天皇をお迎えしました。天皇はひと時事務所で休憩されました。

しばらくして作業開始の合図が行われ、工女は衣装を改めそれぞれの部署に就きました。糸繰車の音が一斉に起こり、工女たちは手と器を巧みに操っています。この器機の運転はことごとく四里離れた安達太良山の麓から分水し、旧天守台の脇から大きな筧を利用して水車が動くような仕掛けになっていて、その有様は素晴らしく筆では書き尽くせません。

工女は一四、五歳から二二、三歳まで二五〇人おり、そのうち旧二本松士族の娘が一五〇人、その他は仙台、福島、会津、白河、磐城などから集まり、遠くは越後、北海道から来ている工女もいます。正・副社長、取締役から器械掛まで男子四三人を合わせると総数三〇〇人を超える規模の工場です。天皇は徒歩で工場をつぶさに見て回られ、案内した県官から詳細な説明を聞かれました。

福島県一五等出仕の齋藤素行が今年の繭を持ってきて製法によって精粗を異にする旨を申し上げ、併せて製糸の善悪強弱等を実際に器械を使ってご覧いただきました。この齋藤は元はこの会社で働いていましたが、事務的にも優れた能吏なので県に出仕を命じられたということで、種々のご質問にはっきりと受け答えをしています。ご一行はその後、工女の寝食する場所をご覧になられました。

水車を動かす動力源でもある池をご覧になるため、旧天守台に登られました。この池の水はもともとは丹羽氏在城の時、安達太良山から引いて城内の用水としていたとの説明を受けられました。

製糸場の側、旧城内のクヌギの門内に天然の大きな岩石があり、方六寸ほどの大字を彫りつけてあります。これは五代藩主丹羽高寛（たかひろ）が藩士の戒めとして岩井田昨非（いわいださくひ）という人に刻ませた戒（かい）石銘碑（せきめいひ）といわれているもので、次のように刻まれていました。

　爾（なんじ）の俸（ほう）　爾の禄（ろく）は　　お前がお上から戴く俸禄は
民（たみ）の膏（こう）　民の脂（し）なり　　民の汗と脂の結晶である
下民（かみん）は虐（しいた）げ易（やす）きも　　下々の民は虐げ易いけれども
　上天（じょうてん）は欺（あざむ）き難（がた）し　　神をあざむくことはできない

　この教えは、長く二本松藩の藩風を培ったという話をお聞きになられました。

その石のあるところを鉄砲壇と称して、昔罪人を裁判したところの側と伝えられています。門外は桜の馬場といわれ、往時の面影を伝えています。天皇は天守台からお降りになりこれらをつぶさにご覧になられ、午前一一時行在所である製糸会社へお戻りになられました。そこで社長以下数名をお召しになって、勤労を称賛され記念の品を下賜されました。その人たちが、「後世の誉れこれに勝るものはない」として深く感動したことはいうまでもありません。

　午後になると供奉の人たちは名高い黒塚（くろづか）の古跡を訪ねようと、近藤芳樹翁にせがみ案内するよう促しました。翁は、「人の心の黒塚はどんな時代にもあるものです」と話しますが、木戸は「今日は少し時間もあるのでぜひ同行したい」といい、翁も断りづらく木戸とともに車を並べ、阿武隈川を渡ると間もなく黒塚があるという付近に到着しました。

鬼婆が籠もったという岩くつ

この辺りから二本松までの東南は小川があり広々としたところで、昔は廣野（ひろの）といわれていました。いまは田地となって桑は青く茂り麦は黄色く色づき、採り入れを待つばかりです。どこが黒塚なのか分からず探しあぐねていた時、木戸はこのような古跡の分からないことこそ開けゆく世のしるしであって、いまは古跡を有しているのは国のためにはなんら益にはならないといって歌一首を詠みました。

尋ね来て見れば安達の原もなし
いつか那須野を名ばかりにせん

安達ヶ原は標高二三〇メートルの丘陵性台地で、鬼婆伝説を伝える「黒塚」で知られています。伝説によれば、都のある公家の乳母が、病身の姫のため妊婦の生き肝を食べさせるよう命じられ旅人を襲いますが、手にかけた女が別れたわが娘と知り鬼婆に変わったと伝えられています。その住みかという岩屋が観世寺境内にあり、近くには鬼婆の墓とされる塚があります。鬼婆が籠もったという岩屋には、三十三観音が彫りつけられています。黒塚は普通の一里塚のようなたたずまいで上には杉の古木があり、塚の上には約千年前の歌人平兼盛が詠んだ、

みちのくの安達ヶ原の黒塚に鬼こもれりと聞くはまことか

という歌が刻まれています。そして観世寺の堂内には、鬼婆の持っていたという大きな鍋が二つに破れたまま蓋もなく箱に入れられ寺の宝物となっており、さらに長さ二尺五寸の包丁もあるということを興味深く聞かれました。

この岩屋のうしろの小高い丘に登ってみると、安達太良山も信夫山（しのぶやま）も北に見え、景色が大変良くしばしの休息を楽しまれました。

田にはりて今はあたちの原もなし
いつか那須野を名はかりにせん
内閣顧問　木戸孝允

君が代はあたちの原も田はたにて
鬼とみゆるはそほつ（案山子（かかし））なりけり
右大臣　岩倉具視

治まれる大御代とてやみちのくの

あたちの鬼のなく声もせぬ
宮内少輔　杉孫七郎

ここに渡辺総次郎という者が、雪を一籠持ってきて皆に勧めたので、皆はこれでひと息つくことができました。暑い日でこの日は一一時に行在所に戻られました。

四　君が代にあふくま川をわたりける（松川・福島）

六月一九日は曇りで時々小雨が降りました。午前七時行在所を出発、坂を過ぎて油井(ゆい)村に到着すると、小学校の男女生徒数百人が整列して天皇ご一行を迎えました。村の向こう側には松杉が鬱蒼(うっそう)と茂る森が見えました。昨日供奉の人たちが訪れた安達ヶ原の黒塚がある場所です。皆車を停めてしばし眺めました。その後安積と信夫の両郡を分かつ境川に架かる橋を渡り、午前九時松川(まつかわ)に到着しました。添田朔助宅で小休止され、清水村へ向かわれました。途中大取揚坂に達しますが、ここは大変峻険(しゅんけん)で旅人が苦しんだ道でもあります。今回天皇の巡幸に先がけ、村民が相談して力を合わせ凸凹(でこぼこ)を解消したので、天皇のお乗物も穏やかに歩むことができました。

四　君が代にあふくま川をわたりける（松川・福島）

そこを過ぎると小取揚といわれる場所があり、やはり同じように山を削り道路を平坦にしたということを聞かれながら清水（しみず）村に到着、高橋益兵衛宅で小休止されました。このあと福島に向かわれますが、霧雨が降り出してきたので、それぞれ雨具を身に着け坂道を進みました。松の樹が鬱蒼と茂っている伏拝（ふしおがみ）というところの木陰に設けられた野立所で小休止されました。

この場所からは遙（はる）か福島の旧城址が眼下に見おろされ、北に聳える信夫山や西に尖（とが）る安達太良山そして広大な水田が一望できます。戊辰戦争及び南朝の忠臣北畠親房（きたばたけちかふさ）のことなどに思いを馳せます。ここでも多数の学校生徒が松樹の間に整列して天皇ご一行をお出迎えしました。神官・僧侶もそれぞれ礼服を着用し、その地名に背かず伏し拝んでいます。

坂を下りて信夫橋を渡り、一二時少し過ぎに福島に到着、行在所となる新築されたばかりの中学校に入られました。当地には三泊のご予定です。福島は元板倉氏の城下町で、福島県は郡数六、戸数五万八〇〇、人口二八万、旧石高四六万四〇〇〇石、本庁は信夫郡福島にあり吏員は七六名です。県庁所在地ということもあり、ことのほか繁華で家並みも美しく、町々に集まったお迎えの人たちは、会津・米沢・三春、磐城からも来たということで立錐の余地もありません。小学校生徒は男女に分かち町の入口からおよそ七、八町の間に三列に並び、一校ごとに国旗を立て天皇をお迎えしました。

信夫山のほとり阿武隈川をわたりて
君が代にあふくま川をわたりけるかねてしのふの山を見つつも　　岩倉具視
福島の駅にて
都人音にきゝつゝしのひ来し信夫の山のめつらしきかな　　東久世通禮

午後三時頃、校内に陳列された物産をご覧になられました。わが国の養蚕事業最先端の地域だけあって、たくさんの繭糸（絹の糸）・絹帛（絹の布）が陳列されています。

特に目を引いたのは伊達郡梁川に住んでいる中村左平次の出品したものです。中村の先祖は代々養蚕を生業としてきました。寛政四年（一七九二年）から文化・文政・天保・弘化と順々に明治九年までの繭を箱に入れて出品したのです。また、同郡掛田村の大橋伊三郎は天保七年（一八三六年）から明治八年（一八七五年）までの出売繭を取り揃えて同じように箱に入れて出品しました。今年の新繭を出品した人もいます。そのほか生糸や玉糸、熨斗糸や手引糸もあり、白河製作所の袴地・糸織帯地、須賀川の縞木綿、川俣の亀綾・繻子・羽二重、米沢の糸織もありました。半田銀山の銀石及び石炭、永田村の硫黄、信夫郡の砥石・製茶・紙類、二本松製の陶器類も陳列されています。そのほか勾玉・管玉・神鏃、雷斧もあり、珍しいものでは阿武隈川の埋木と梅花石、弁慶と亀井六郎の笈、義経の直垂などです。天皇はこれらを興味深く御目をなごませご覧になられました。

六月二〇日はあいにくの雨で、予定されていた半田銀山の日程を変更し、午前八時に行在所をご出発、県庁に向かわれました。県庁では山吉参事、中條権参事らを召して、県政の概要をお聞きになられました。その後裁判官を召され刑罰の模様をお聞きになられ、一一時行在所へお戻りになられました。午後二時、磐前(いわさき)県令、置賜権県令、若松県参事らを召して、県下の情勢や裁判の状況についてお尋ねになられました。午後三時小学校にて親しく生徒の仮試験の様子をご覧になられ、優秀な成績の生徒一五名に書籍を贈られました。五時、岩倉・木戸・徳大寺・東久世、土方、杉らを召して夕食をともにされ、特に供奉の人たちには自由行動を許されました。

六月二一日には午前七時行在所をご出発、半田銀山へ向かわれました。八時半、瀬上(せのうえ)と桑折の二ヵ所で小休憩され、一〇時半、半田村銀山事務所広成館にご到着され、まず昼食をとられました。

一二時、詰め所からお歩きになりながら銀山を取り巻く景色を眺められ、廃銀鉱場等の形状等をつぶさにご視察して入口に向かわれ、坑内をご覧になられました。担当者から坑内所用の吸水機や鉱石繰上機械、鉱石運搬車、火薬へ火を導く方法などについて説明を受けられつつ、掘り出したばかりの鉱石、鉱石車、坑内支柱の組立雛形、支柱矢板等をご覧になられました。それから鉱洗所では鉱石を洗う方法、また、撰鉱所では鉱石を分ける方法にうなずかれ、そのような順序を経て、乾溜銀を溶解して模型に注ぎ菊章印出の銀塊を造り出すまでをつぶさにご覧になられたのです。その後広成館にお戻りになり、ここで五代友厚代理の吉田一十郎が坑業始末を具奏し、高崎侍従番長が歌を詠みました。

　友なる五代友厚の所有なる半田の銀鉱に
　臨幸ありける御供に侍らひて
くまもなく照らす日影にしろかねの山の光りもいかにそふらん

遙か彼方に霊山が聳えています。この山は南北朝の時代、北畠氏が拠点としたところです。当時北畠顕家を陸奥守に任じ、義良親王を奉じ、はじめは国府多賀城に拠点を構え、のちにここに拠点を移しました。二度目の西上の時顕家は戦死、その弟顕信が志を継ぎますが、興国四年・康永二年（一三四三年）、足利尊氏の将畠山高国らに攻められ落ちたと伝えられています。

顕家の父北畠親房は、のちに南朝が正統であるとする『神皇正統記』を著しますが、そのなかで当時の様子を、込み上げてくる感情を抑えるような筆使いで、「時やいたらざりけん、忠孝の道ここにきはまりはべりにき。苔の下にうづもれぬものとては、ただいたづらに名をのみぞとどめてし。心うき世にもはべるかな」と記しています。このようなさまざまな思いが天皇の御心に去来したのでしょう。色々なことをお聞きになりながら、五時に福島へ戻られました。

昨日の雨で朝の道路事情は良くありませんが、夏の日は乾くのも早く、お車も順調に進んで、思ったよりも早いお戻りでした。山吉参事を召されお杯を賜わり、一日の労をねぎらわれました。この夜も次第に更けていきました。

五　世の中よ道こそなけれ思ひ入る（藤田・越河・白石）

六月二二日は前日からの雨が降り続き、道路がぬかって難儀しました。瀬上の綱沢久作宅で小休止をされたあと、桑折小学校でお休みになられました。昨日半田銀山に行かれた往復を含めると三回目のお立ち寄りで、大変異例なことです。しばし休まれたあと出発されますが、この町のはずれに追分道があり、「左は羽前（うぜん）（山形）道、右は陸前（りくぜん）（宮城）道」と表示されており、進路を右にとられ東に向かって進まれました。遙か左には、半田銀山が望まれました。雨は依然として降りやまず、供奉の人々も大いに苦労し道を進みました。

一一時やっと藤田（ふじた）に到着し、樋口宇蔵宅で昼食をとられました。一二時にはご出発されますが、東方片道一里ばかりある田間の小坂を下った道の左に「弁慶の硯石」といわれているところがあり、その向こうに見えるのが阿津賀志山（あつかし）です。その山の南の端を少し離れて、頂上付近に丸いかたちをした山があります。大きな樹木はなく、草が青々と生い茂っています。この坂を下って少しくぼんだような場所が鎌倉幕府の公式記録『吾妻鏡（あずまかがみ）』でいう国見沢です。またその丸い山の麓に、小松がまだらに生えているなかに小さな祠（ほこら）があります。傍らには義経の腰掛松といわれている松があります。三〇年前この付近の子供たちが蜂の巣を焼こうとして、誤って松樹を枯らしてしまい、いまはわずかにその松の根が残っているに過ぎません。

　急な坂を登ると丸い山の南面の麓に行き着きます。この山の中頃に二重堀（ふたえぼり）の跡があって、これは昔平泉藤原氏が大木戸（おおきど）を造営し、頼朝の攻撃に備えた場所です。阿津賀志山の合戦のとき畠山重忠（しげただ）と藤原国衡（くにひら）（西木戸太郎）と戦った場所でもあります。国衡は秀衡（ひでひら）の長子で、四代泰衡（やすひら）の異母兄です。源頼朝の奥州征伐の時、平泉勢はこの阿津賀志山を最前線防衛拠点として国衡を総大将に、二万の軍勢で迎え撃ったのです。合戦は八月八日に始まり一〇日には平泉勢の敗北が決し、国衡は奥州第一の駿馬（しゅんめ）高盾黒（たかだてくろ）で出羽へ逃れようとしましたが、柴田郡大宮辺りで和田義盛の矢に傷つき、馬が深田にはまったところを畠山重忠の門客（もんかく）大串次郎に討たれ、あえない最期を遂げました。

　往事に思いを馳せながら、ご一行は越河（こすごう）（宮城県白石市）に入られました。越河では石川平十郎宅で小休止されたあと、馬牛沼（ばぎゅうぬま）に向かわれました。馬牛沼は青々として美しく、四方の山はまさに深山幽谷を思わせる場所です。老樹の陰に新たな御仮屋が造ってあります。屋根は青竹を使い、四方は篠竹（しのだけ）で垣を結び巡らし、御前の欄干はこの沼に自生する太い藺草（いぐさ）が用いられています。緑がことのほか清々（すがすが）しく、この沼の側に生い茂る松の並木は高木で枝ぶりも自然のまま見事に整っています。樹間を通して沼の遙か彼方を見渡すと、山に沿って田畑があり、家七、八戸の集落が見えます。山の頂は雲に覆われ、人家を通して見え隠れしている様は、仙境とはこのようであろうかと思わずにはいられません。この村からも行幸を拝もうとして男女が出てくる様子を見ると、『千載（せんざい）和歌集』にある藤原俊成の「世の中よ道こそなけれ思ひ入る山の奥にも鹿ぞ鳴くなる」の古歌が思い浮かばれます。

そこから坂を下ると間もなく斎川（さいかわ）です。人家の見栄（みば）えは余り良くありませんが、小児がところどころに居並んで行幸を見ています。有名な小児の疳（かん）の妙薬といわれる「孫太郎虫」は、この地域の特産品でもあります。斎川には義経に忠節を尽くして死んだ佐藤継信（つぐのぶ）・忠信（ただのぶ）の妻たちの甲冑像が安置されている甲冑堂があります。妻たちは年老いた母のため、息子の代わり甲冑姿になって慰めたと伝えられています。中目（なかのめ）村、森合（もりあい）村などを経ると白石です。

白石は仙台藩重臣片倉氏の居城があったところとして知られていますが、奥羽の名物紙布（しふ）はこの地方の特産品です。往時、冬の農家の副業として和紙漉（す）き農家は三〇〇軒余りもあり、町には材料の楮市や紙市が立って賑わっていました。白石和紙は丈夫なうえふくよかで美しく、その特徴を生かして紙衣や紙布織が作られました。ことに紙衣は麻など粗い着物を着ていた時代には、防寒着として庶民に愛用され「奥羽白石紙衣」として知られています。軽く安価で持ち運びに良いので、旅に生きた芭蕉も『奥の細道』のなかで、「……紙子一衣は夜の防ぎ」と記しています。

午後五時行在所となる元本陣の小学校に到着、夜半県令宮城時亮がご機嫌伺いに訪れました。

第三章　白石から一関へ

一　あはれ身を苔のしたにうづめても（宮・金ヶ瀬・大河原・岩沼）

六月二三日は、午前七時に白石の行在所をご出発されました。白石川には新たな橋が渡してあります。この辺りはまるで播州明石浦そして大蔵谷から垂水などの景勝地に似かよっています。新橋を渡ると北の山上に、奥羽鎮撫総督府下参謀世良修蔵の墓と記された大きな石碑がありました。世良は長州藩士。豪放な性格で多くの兵士と交わり、高杉晋作の奇兵隊に入り頭角を現しました。会津の軍事攻略を強行したため、仙台藩の不戦和平方針と一致せず、明治元年（一八六八年）四月二〇日早暁福島で暗殺されました。これによって仙台藩を盟主とする奥羽越列藩同盟が成立し、戊辰戦争の悲劇を生む端緒となったのです。侍従が天皇にこの旨を告げたので、お乗物はそこで少しとどまりました。岩倉・木戸が弔意を表する歌を詠みました。

あはれ身を苔のしたにうづめてもその名は世々にきえせさりけん　岩倉具視

あなあはれ涙も袖にみちのくのしのふにたへす君を思へは　木戸孝允

一　あはれ身を苔のしたにうづめても（宮・金ヶ瀬・大河原・岩沼）

前日越えた大木戸からここまでは、山間に一本の官道で結ばれており、緩やかなカーブで高低差はありますが、大方道路は良好に整備されています。この辺りは小さい峰や低い山々が連なり、松や杉も生い茂って風景が良く、有名な信濃の姨捨（おばすて）山に似ています。傍らは児捨川（こすてがわ）と呼ばれる川もあり興味を引かれました。伝えによると日本武尊（やまとたけるのみこと）が東征の時、当地で見初めて懐妊した長者の娘を連れて帰ろうとしましたが、両親が別れを悲しむのでそのままにして都に帰りました。そののち都からの便りがないので娘は悲しみのあまり子供を抱いて身を投じたところたちまち二羽の白鳥と化して南の空に高く飛び去ったので、里人はこの川を児捨川と名づけたと伝えられています。この日は曇りでしたが、前日の雨で道路はぬかっています。天皇のお乗物はまもなく宮（みや）に到着し、阿部伝内宅で小休止されました。これより先はまた坂道となって近くに川があります。これは白石川と児捨川の合流しているところで川幅は広いけれども船がありません。この東のはずれは磐城と陸前の国境いわゆる磐前（いわさき）県と宮城県との県境なので、宮城県令はここで待ち受け馬で先導されました。路傍の山際に大きな石がいくえにも峙（そばだ）っているところもありました。籠石稲荷（かごいしいなり）といわれているということです。金ヶ瀬（かなせ）の山家佐市宅で小休止され、ザクロを植えている多くの家々を過ぎると仙台までは平坦な道です。

一一時過ぎ大河原（おおがわら）に到着、高山庄吉宅で昼食をとられました。

一二時半に再びご出発され、まもなく船迫（ふなばさま）に到着、今度は安藤伝九郎宅で小休止されました。

船迫は文治五年（一一八九年）八月一〇日、奥州征伐のため源頼朝が鎌倉勢を率いて陸奥（むつ）に攻め入り阿津賀志山において西木戸太郎国衡を討ち取った夜、頼朝が到着して二日間滞在したので、恐怖した泰衡は城を棄て逃げたと伝えられている場所です。また、勇将の誉れ高い鎌倉方の権五郎が鳥海弥三郎に眼を射抜かれたというのもこの辺りです。

天皇のお乗物は槻木（つきのき）に到着され猪俣伝次郎宅で小休止されました。それからほどないところに、土地の名物串団子の売店があり、玉子饅頭の天麩羅（てんぷら）などを売っています。饅頭は囲炉裏の周りに立て並べ、天麩羅は鍋も油も何度も使ったようなもので作られます。汚れた鍋でなんの油か分からない臭い油ですが、この日は天皇をひと目見ようとする見物人が多く、天麩羅も団子も売れに売れて手の回らぬ忙しさです。

阿武隈川は大河となり、船が多く見られるようになりますが、町の繁華は見られません。北の方半里ばかりのところに一帯の山があるだけで、東南は広々と開け遙か彼方は太平洋です。ご一行は山紫水明の景色を楽しまれながら進み、午後四時頃、行在所となる竹駒神社へ到着されました。竹駒神社には祠や楼門・中門があり、彫刻などはことのほか見事で贅（ぜい）を尽くした建物です。岩沼の往事の文化を象徴するものは、竹駒神社、竹駒寺、二木（ふたき）の松（武隈（たけくま）の松）で、これは二本の木ではなく二股になっている松です。

「武隈の松」が初めて文献に現れるのは『後撰和歌集』においてで、今からおよそ一一〇〇年前（九二九年頃）、陸奥守として赴任してきた藤原元善が武隈の松が枯れているのを見て小松を植え、任果てて都に戻る途中この松を感慨深げに見て、「栽えし時ちぎりやしけむたけくまの松をふたたびあひ見つるかな」と詠んだといわれ、松尾芭蕉は『奥の細道』に次のように記しています。

「岩沼に一泊した。武隈の松には、目のさめるような印象を受けた。根は地面のところで二つに分かれていて、昔の姿を失わずそのままの形であることが分かる。まず、能因法師のことが思い出された。むかし、陸奥守として京都から下って来た人が、この木を伐って名取川の橋杭にしたという史実があったからなのだろうか。二度目のとき能因は松はこのたび跡もなしと和歌を詠んでいる。その後も、あるいは伐り、あるいは栽えついだりした、というこの松の歴史を聞くにつけ、いま目の前にする松の千年昔の形そのままの姿は、本当にありがたいことであった。これから江戸を発つのだから、奥州には遅桜が咲いているかもしれない。だが遅桜よ、武隈の松もお忘れなくお見せしなさいと、挙白という者が、私が江戸を出るとき餞別の句を作ったが私もこの句に応えて、『桜より松は二木を三月越し（三月越しの旅をへて武隈に来て見ると、私を待っていてくれたのは、桜ではなくて和歌にある二木の松でした）』。」

二　武隈も姉歯もかけやゆつるらん（増田・長町・仙台）

六月二四日午前七時、岩沼を出発される時は、小学生が町の北側に整然と整列しお見送りしました。北の官道を進んで行かれると、途中の松並木の間にも生徒五～六〇〇人が教員の指揮に従い、一斉に帽子を取って拝礼する様子は見事でした。植松村を経て増田（ますだ）（名取市）へ到着した際も、この辺りでも、男児は白の洋服を着て、女児は紅粉で化粧した二〇〇人ばかりが、天皇ご一行の通り過ぎるのに合わせて拝礼しました。

増田の町の中ほどの両側には住吉踊りの時に持つような万灯（まんどう）が二つ立ててあります。また東側には搗（つ）き臼（うす）を三〇ばかり並べて、一五、六歳ぐらいの女性が一つの臼に二人ずつ白地の浴衣の裾を高く上げて紅の湯文字（ゆもじ）を出し、足には草鞋（わらじ）をはき肩には紅い襷（たすき）をかけ麦搗（むぎつ）き歌を声を揃えて唄いながら、「ストトン、ストトン」と麦を搗いて、晴れの展覧に供しました。

天皇は増田の菊地善蔵宅で小休止。庭では枝が八方に繁茂している傘（かさ）のような形をした笠松

二　武隈も姉歯もかけやゆつるらん（増田・長町・仙台）

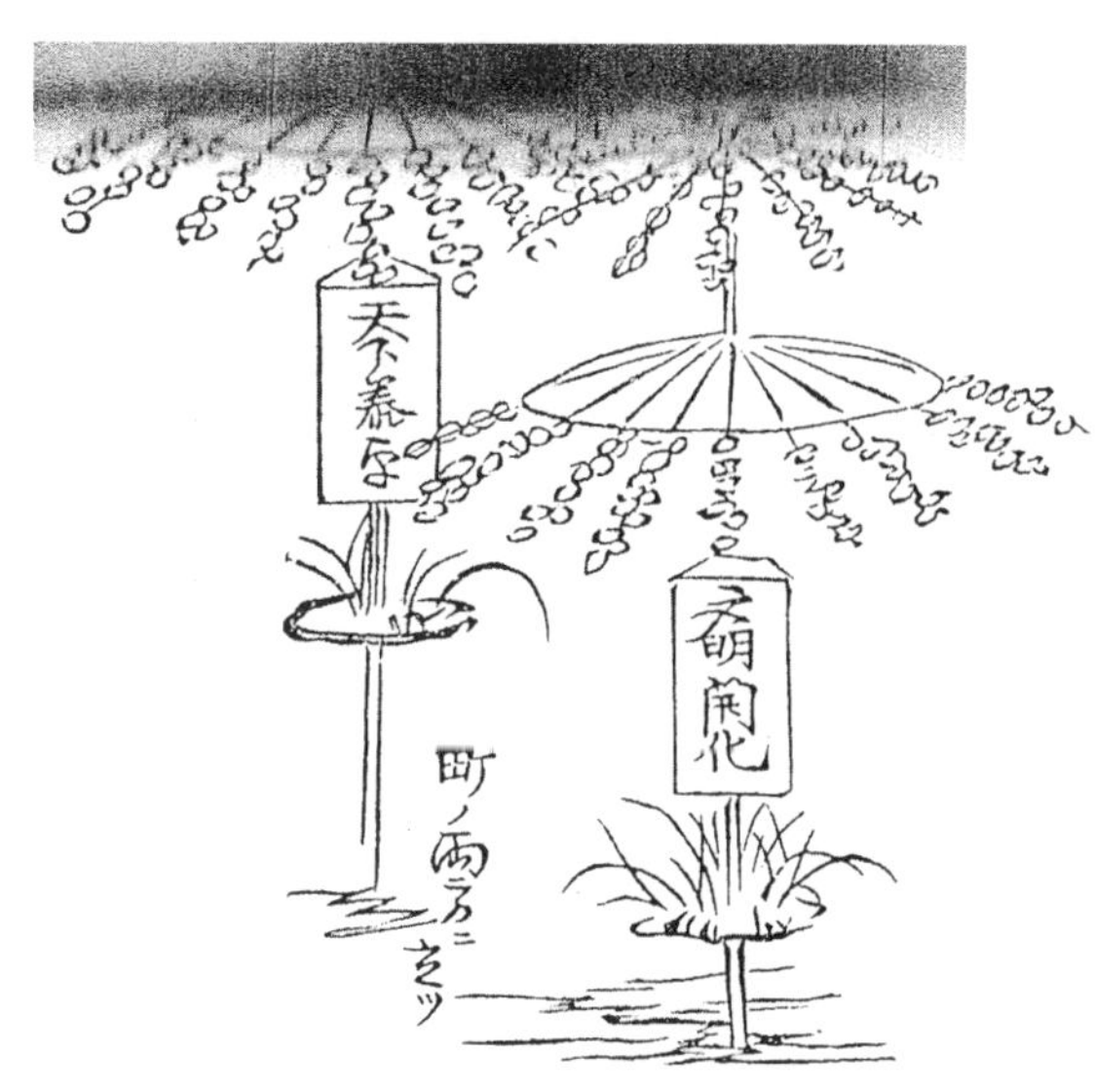

住吉踊りの時に持つ万灯

といわれる珍しい松をご覧になられ、「衣笠（きぬがさ）の松」と命名されました。高崎侍従を召して、この松を題材に和歌を詠めと仰せになられました。

武隈も姉歯（あねは）もかけや譲るらん
　わが大君の衣笠の松　高崎正風

小休所はこの松の奥に新たに檜皮葺（ひわだぶき）の小殿を造り、その外は白いペンキ塗りの矢来を結んだ西洋風の門構えです。天皇はしばしの間ここでお休みになられ、九時頃ご出発、名取川の橋を渡り中田でお休みになられました。

長町（ながまち）までの途中は、仙台の各小学校の生徒男女千余人が、それぞれ羽織袴を着て道の傍らに奉迎の旗を立て、天皇ご一行をお迎えしました。福島県を出てからも小学生

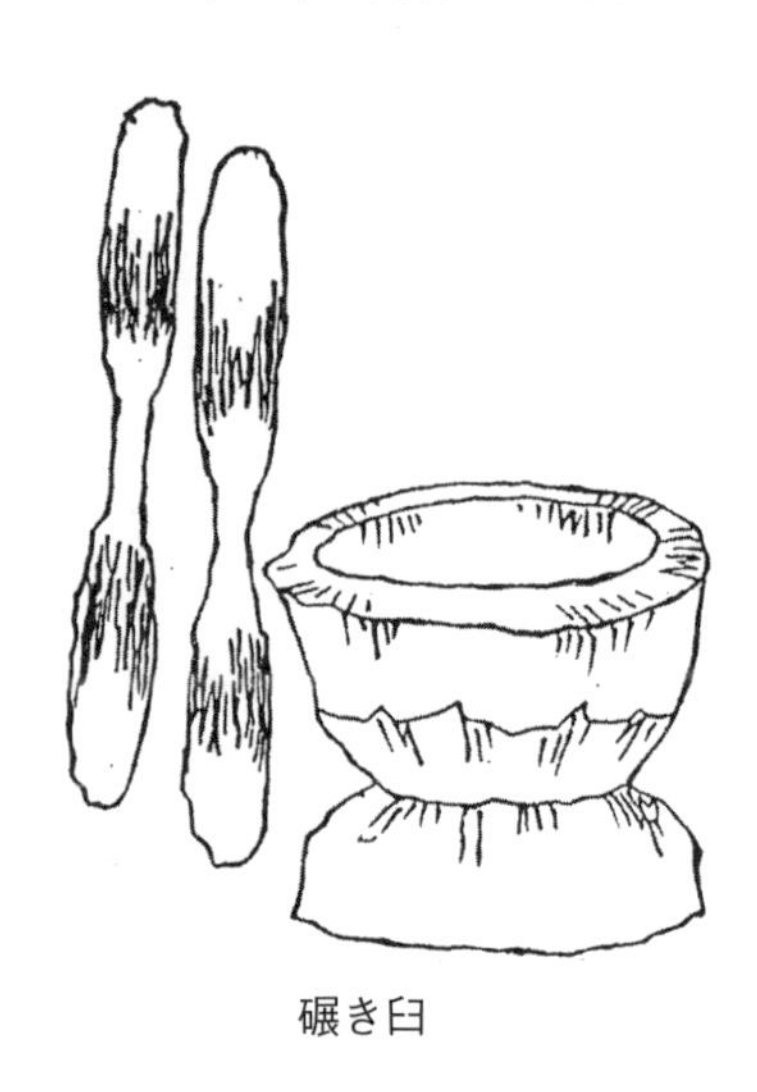

碾き臼

の出迎えはありましたが、このような盛大なお出迎えは初めてです。長町を過ぎ広瀬川を渡られ仙台河原(かわら)町に近づきました。鎮台からは大山陸軍少将自らが指揮官となり、連隊長以下一連隊を率いてのお出迎えです。天皇のお乗物が近づくと一大隊が二つに分かれ、両側に整列して軍式を行いラッパを吹奏し、お乗物が過ぎるのに合わせて士官は剣をもって敬礼、下士官以下卒は棒銃の礼と軍旗の礼とを行いました。この時師範学校の生徒百余人が洋服を着て歓迎のお出迎えをしました。一〇時半頃仙台榴(つつじ)ヶ岡(おか)にご到着、行在所となる梅林亭（梅原林蔵宅）へ入られました。ここで三泊されたあと天皇は松島・塩竈にご宿泊され、仙台で最後の夜をお過ごしになられたので、都合四泊なされました。

午後二時頃山形県参事、置賜県権令、若松県参事、鶴岡県令三島通庸(みしまみちつね)らをお招きになり、民情報告や裁判の状況についてご質問されました。皆は課題はもとより、利害得失を細大漏らさず報告し、記念品を賜り退出しました。

市内は家ごとに国旗を掲げ、夜に入ると赤い提灯を灯して、特に市中はガス灯を所々立てたので、大町通りや国分町通りは昼間のような明るさです。供奉の人々もこの二夜の疲れを晴らすように、それぞれ夜の町を歩きました。さらに山形・最上地方からも多くの人たちが天皇ご一行を見ようと二、三日前から旅店に逗留しているので、夜になるとそれらの人々も皆町に繰り出して八時、九時頃ともなると歩けないほどの賑やかさとなりました。

六月二五日午前九時に、仙台榴ヶ岡の行在所をご出発された天皇は、まず宮城県庁を訪れ、県令宮城時亮を御前に召され、親しく人民の苦しみや県政の課題をお聞きになられました。その後裁判所へ向かわれ、所長より裁判の様子をお聞きになられたあと、宮城英語学校に到着されました。吏員はいずれも礼服を着用し、生徒とともに門外に整列して天皇をお迎えしました。

宮城英語学校では、外国人教師のヘンリー・リットルとチャーレス・クールドの二名が、次代を担う青年たちのために心を砕く天皇に敬意を表し、天皇・皇后両陛下の末永い繁栄と、天皇をお迎えした喜びを述べ、心から歓迎の意を表しました。

二人の外国人から祝詞を受けた天皇は、その後特別の思し召しをもって学校長と祝辞を述べた外国人に拝謁をお許しになり、そこで記念品を贈られました。そして生徒の授業風景をご覧になったあと、学校から国分町の米川重治宅でご昼食をとられ、宮城師範学校に向かわれました。小学校へは岩倉具視をご名代として遣わされるなど、多忙な一日を過ごされました。

二六日午前八時行在所の梅林亭をご出発、仙台鎮台の東側の宮城野原に向かわれました。元

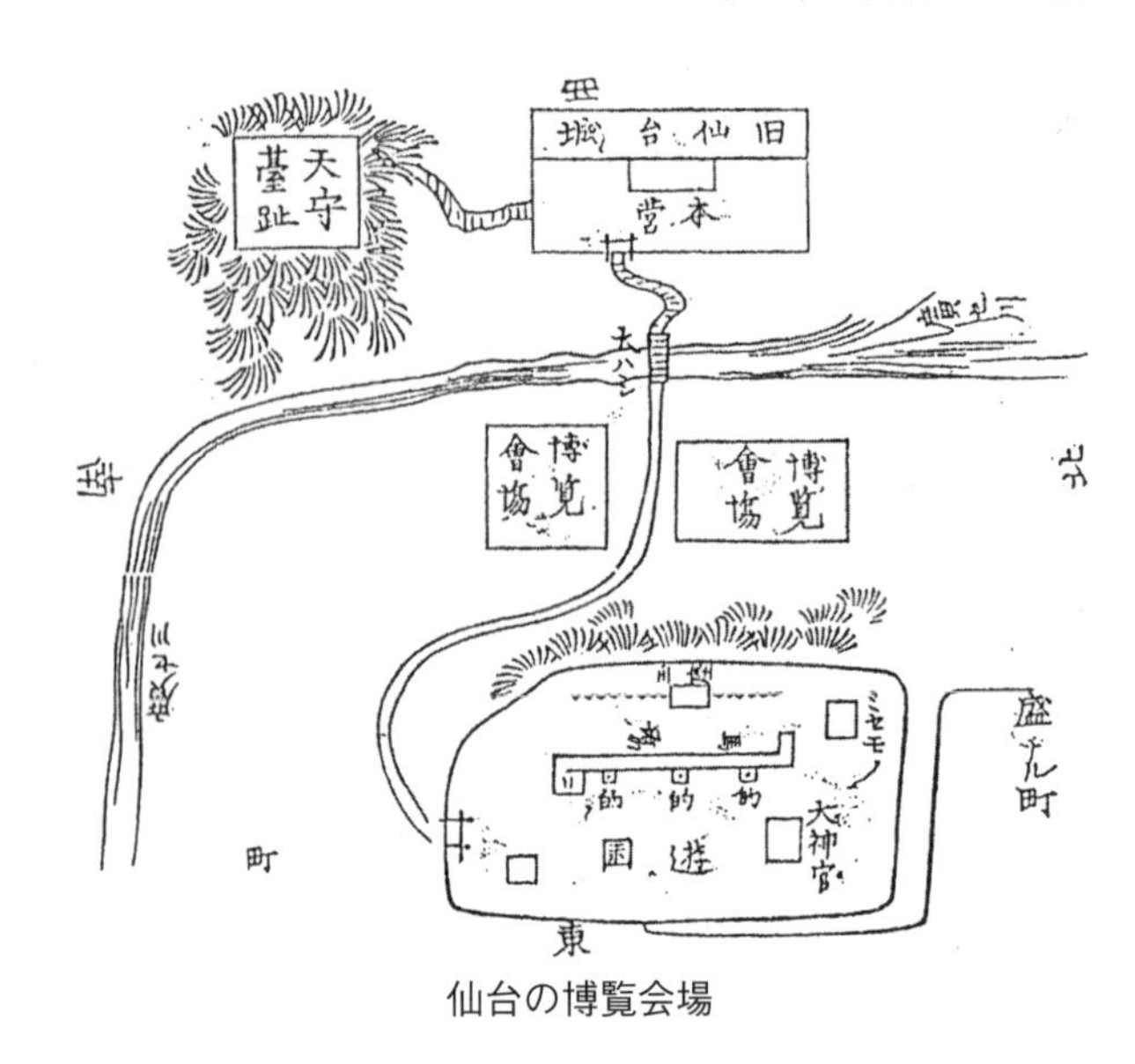

仙台の博覧会場

は畑であったのを鎮台で買い上げ操練場とした場所で、調練として鎮台兵は二連隊で種々の演習をご覧いただきました。このあと、上等裁判所へ向かわれ、病院へはご名代として木戸孝允を差し向けられました。一二時国分町の米川重治宅において昼食をとられ、一時に鎮台本営へ向かわれました。ここは旧仙台藩主の居館なので、大変広大な建物です。表門には紫の幕を引き回し、玄関には紅白の幕を張り厳粛な雰囲気でした。そこで少しお休みになられたあと御料の馬に乗られ元の天守台へ登られました。

　この場所は西の山際に高く聳え、仙台城下を一望できることから、天皇は絶景を楽しまれました。一度本営に戻られたあと、二時過ぎ博覧会の会場に向かわれました。博覧会に

二　武隈も姉歯もかけやゆつるらん（増田・長町・仙台）

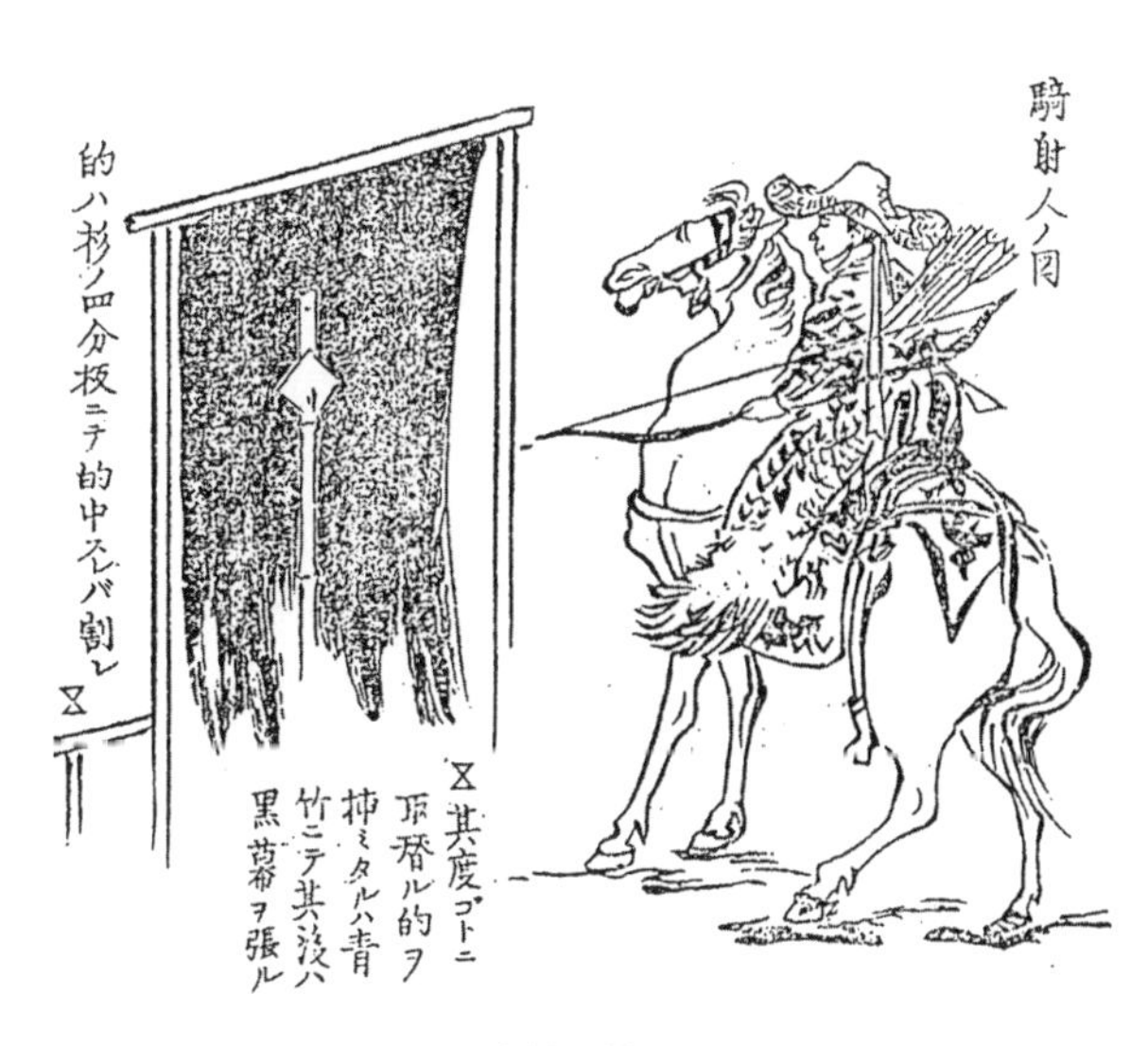

駒射の様子

は数多くの品が出品されていましたが、特に伊達家のものが多数見られました。

目を引いたのは慶長遣欧使節の支倉常長（はせくらつねなが）が持ち帰った品々です。支倉のことや慶長遣欧使節のことはご一行の誰も知らず皆驚きました。伊達政宗は慶長一八年（一六一三年）家臣の支倉をローマに派遣しました。遣使の目的は、メキシコとの通商を宗主国スペイン国王に認めてもらうこと、ローマ法王に対しては宣教師の派遣要請が主な内容です。鎖国政策によって遣使の目的は達成されませんでしたが、支倉が持ち帰ったパウロ五世の肖像画や、ロザリオ、支倉を貴族に列する証のローマ市公民権証書等は、禁教の時代仙台藩の書庫に大切に保管され今日に伝えられてきたものだという紹介に皆は驚嘆しました。天皇も

慶長遣欧使節の支倉常長が十字架を礼拝する図

感慨深げにこれらをご覧になられました。

この博覧会場の近く仙台城下の中央には大きな公園があり、梅や桜はすでに若葉になったものの、多くの人々の目を楽しませるのに十分な花菖蒲がいまを盛りに咲いています。公園の西の広場には、仙台の旧士族たちが天皇に騎射をご覧いただこうと待機しています。前々からこの噂を耳にしていた多くの人々は二〇里、三〇里をものともせず続々と集まってひと目見ようと、天皇ご一行の到着を待っていました。その時数十人の巡査がどっと園内に走り込み、仙台言葉を叫びながら長い棒を打ち振り打ち振り群がる数万の群衆を追い散らしました。怪我をする者ずたずたに衣服を引き裂かれる者などで混乱状態になり、皆は這々（ほうほう）の体（てい）で大町や肴（さかな）町通りへと逃げ出しました。

そのようなことがあったとは知らない天皇は、

門内から公園に入られ、お歩きになられながら花菖蒲をご覧になり、園の西方に準備された玉座にお着きになられました。

仙台藩の旧士族小栗大三郎ら一二人、おのおの同じ装束で白鉢巻き、端反（はそり）の網代（あじろ）陣笠をかぶり、華美な胴服を着し、緋羅紗（ひらしゃ）に金糸で縫った弓籠手（ゆごて）を差し荒縞（あらしま）の小袴（こばかま）に鹿の子毛皮の行縢（むかばき）をはき、筋骨たくましい堂々たる馬に立派な鞍（くら）を置いて皆馬場に出ました。天皇に一礼し、馬に打ちまたがり手綱を引き締めながらしずしずと玉座の前を通り抜け、北の溜まりへ轡（くつわ）を並べました。第一番は小栗大三郎という者です。少し馬を進めながら手綱を帯に挟んで鐙をふんばり気合いを込めて駆け出し、矢を取って矢声をあげ引ききって放すと第一の的を射抜き、二の矢、三の矢いずれもはずれず射抜いた様は見事でした。その後も順々に矢を放ち射ぬく様は素晴らしく、まさに弓馬の家に生まれた武士の心意気を見る思いです。天皇は感激したご様子でご覧になられていました。十分堪能されたあと四時半行在所へ戻られました。

三　ためしなき君かみゆきをまつしまの（松島・塩竈・仙台）

六月二七日午前七時十五分松島へ向かわれました。鎮台兵が原町（はらのまち）に並列し、オーシャンの曲を奏し兵士は棒銃の礼を捧げてお見送りしました。午前八時過ぎ利府（りふ）の佐々木仁右衛門宅で小休止されました。原町でも利府でも学校生徒が道の傍らに並んで拝礼し、それから先は坂道で上り下りしながら赤沼に到着しました。松島村との境に長老坂という坂があり、その片側にも学校生徒が四〇〇人ばかり並木の間に並列して天皇をお迎えしました。坂を下れば日本三景の一つとして名高い松島です。両側に石があり天然の門の形をしています。東に出れば松島の絶景が一望できます。皆は松島の美しさを歌や漢詩にとどめました。

松島にて

ためしなき君かみゆきをまつしまの波さへ千世の色そみへける　東久世通禧

松島

島伝ひふねこきくれはわか宿の庭にもおもふ松はかりして

高崎正風

午前一一時半頃行在所となる瑞巌寺（ずいがんじ）にご到着されました。瑞巌寺は慶長一四年（一六〇九年）伊達政宗によって建立された伊達家の菩提寺です。政宗が精魂を傾けて建造したといわれるこの瑞巌寺を造った材料は、紀州熊野山から切り出し一六艘（そう）の筏（いかだ）を組んで海上輸送したものが使われました。また、この建物は、山城（やましろ）（京都府南部）、紀伊（和歌山県）の名工たちが四年の歳月を費やして完成させたもので、職人に対しては、土に落ちたものは一本の釘といえども使わせず、土の上ではいた草鞋や草履（ぞうり）では決して建物に入れなかったという、細心の気配りをして建てさせたといわれます。瑞巌寺の襖絵（ふすまえ）や彫刻などの題材は中国の故事に由来した勧戒画（かんかいが）・帝鑑図が中心で、古（いにしえ）の時代の善政を手本にして、心身の鍛練と為政者としての心構えを促すような内容となっています。見るものに儒教の精神の禅を勧め、君主としての心構えを自覚させる役割をもった寺でもあります。『金銀島探検報告』で知られるビスカイノは瑞巌寺の印象を、「寺は木造なれども、彫刻及び手工の最も精巧なるものなり。石造りにてはフィリップ二世のエスコリアル、木造にては当寺を以て世界に並ぶものなし」と記していますが、まさに贅の限りを尽くした建物にご一行の皆は感嘆しました。

昼食をとられたあと観瀾亭（かんらんてい）に向かわれ、五大堂・石浜・寒風沢（さぶさわ）島・桂島など数々の島を見て松島の美しさを堪能されました。三〇人ばかりの漁師が天皇にお見せするため、観瀾亭近くから五大堂にかけて、遠浅のところに前もって仕掛けておいた五百余間の簀の中に入り引き潮を見計らって竹ざるを伏せ魚を取っています。草鞋の下には一尺四方の板を付けていて、これは深い泥に足を取られないための漁師たちの工夫です。天皇は、他の地域には見られない漁法に見とれておられました。

六月二八日午前六時、松島の行在所をご出発され富山に登られました。途中から嶮峻な道になったので徒歩で進まれました。松島から北東の方向にありわずか二里ばかりの距離ですが、坂道多くお乗物では困難なので馬に乗られお進みになられました。七時過ぎ富春山大仰寺で小休止されました。高い山の頂にあるので松島が一望でき、遙か彼方には金華山も眺望できます。天皇はしばらくこの絶景をお楽しみになられました。そこへ近くの沼から捕ったという大きな鯉・鮒などを近所の人が持ってきて、天皇にご覧いただきました。

天皇は再び馬に乗られ午前九時、松島観瀾亭にお着きになりここでひと休みされました。元は伊達家が建てたものですが、最近建物が著しく傷んだのを惜しんだ石巻の戸塚貞輔という人が自費を以て修復しておいたので、今回のご使用を可能にしたということです。天皇は戸塚の優しい心意気に感銘を深められたご様子で、紅白の縮緬二反と金五〇円を戸塚に贈られました。

松島から船に乗られ塩竈へ向かわれました。船頭は一つ一つ島を指さしながら天皇に島の名前を紹介しました。塩竈の浦が近づくにつれて小さい島々の間を縫うように進んでいきます。景色はさらに身近に感じ、『古今和歌集』の東歌「陸奥はいづくはあれど塩竈の浦漕ぐ舟の綱手かなしも」が、思い浮かばれたことでしょう。供奉の人たちもそれぞれ感慨深げに次々と変わる島の景色に見とれています。正午塩竈にご着船、塩竈神社東側にある行在所の法蓮寺（ほうれんじ）勝画楼（しょうかくろう）に入られ、昼食をとられました。ここはまた松島湾が一望でき、先ほどまでとは異なった景色をお楽しみになられました。夜に入るとこの浦のあちらこちらの船が篝火（かがりび）を灯し、海上にはたくさんの灯籠が流され、幾万もの光が幻想的な世界を創り出し、天皇はこれをご覧になられながら、静かな夜は更けていきました。

　六月二九日午前六時侍従番長高崎正風に命じて志波彦神社、塩竈神社を代参させました。七時半に行在所をご出発され、板輿（いたごし）に乗られ奥州一宮塩竈神社を参拝されました。この神社は明治七年一二月岩切村鎮座国幣中社志波彦神社を塩竈神社境内に遷座（せんざ）し、同時に塩竈神社を国幣中社に列せられたものです。ご一行を宮司落合直亮（おちあいなおすけ）ら神官等が出迎えました。天皇は社前からは徒歩で境内を見て歩かれました。侍従から二社に宣命並びに幣帛（へいはく）料金四円と神饌料一二円が下賜されました。なお本社には伊達氏歴代の寄書や宸翰（しんかん）や古器珍物を天覧に供し、天皇は一つ一つご覧になられました。また平泉藤原氏三代秀衡の三男で、父の遺言に従い源義経保護を主張し、四代泰衡と対立し誅殺された和泉三郎奉納の鉄灯籠などをご覧になったあと、午前八時板輿から馬車に乗り換えられ多賀城址へ向かわれました。歌枕として著名な野田の玉川・末の松山・沖の石・おもわくの橋などをご覧になりながら、往事に思いを馳せられました。多賀城趾並びに多賀城碑をご巡覧になられ、市川村菊地市兵衛宅でお休みになられました。同家では秘蔵の古代の箭（せん）の根を天覧に供し、多賀城乃図と多賀城碑の石摺りとを献上し、県官は古瓦などをお見せしました。九時一〇分ここをご出発され、午前一〇時少し過ぎ今市村の吉川忠右衛門宅で昼食をとられました。午前一一時一〇分沿道の人々の盛んな見送りを受け、仙台榴ヶ岡の行在所梅原林蔵宅に戻られました。梅林亭へは都合四日のお泊まりで、お手当金三五〇円を贈られました。この日右大臣岩倉具視を北山龍雲院境内にある林子平の墓に遣わし、祭粢料を下賜されました。

林子平（一七三八〜九三年）は『三国通覧図説（さんごくつうらんずせつ）』で、日本の隣境にある朝鮮、琉球及び蝦夷地の三国、それに無人島（小笠原諸島）の地図、日本とそれらの地域との里程を示す総図の五図を載せ、国防的観点からそれら地域の地理や風俗を解説し、特に、ロシアの蝦夷地侵略の危険を警告しました。松前氏の蝦夷人に対する愚民政策を暗に批判しながら、ロシアの植民地政策を阻止するためには蝦夷人に教化政策を及ぼし文明化を図るとともに、蝦夷地を本土並みに開発することが重要だと述べました。

また、『海国兵談（かいこくへいだん）』では国際的視点から日本の地理的特色を「海国」と捉（とら）え、海国に相応（ふさわ）しい防備を行うため、全国の海岸に砲台の設置を提案しています。「江戸日本橋より唐土（モロコシ）及び阿蘭陀（オランダ）迄も境目なき水路なり」という命題のもとに、これまで陸の備えだけを武備と考えてきた兵学に、初めて海国の武備の緊急性を指摘したのです。

しかし「取留（とりとめ）もこれなき風聞又は推察を以て、異国より日本を襲候事（おそいそうろうこと）あるべきの趣（おもむき）、奇怪・異説取交ぜ著述致し」ということで、林子平は在所蟄居（ちっきょ）の判決を受け、板木製本ともに没収され、一年後仙台の兄のもとで不遇のうちに没しています。ロシアの使節ラックスマンが、日本の漂流民（伊勢の船頭、大黒屋光太夫（だいこくやこうだゆう））を送って根室（ねむろ）に来たのは、林子平が在所蟄居を命じられてから四ヵ月後のことでした。天皇が岩倉を林子平の墓参に遣わしたのもそれらのことに思いを馳せられたからでしょう。

四　なる瀬川なみのぬれきぬぬれかねて（七北田・吉岡・古川）

六月三〇日は曇りの日で、夕方からは雨になりました。行在所において古書画をご覧になられ、宮城県士族石川清直の祖母（八三歳）が書き記したものを献じ、伊達菊重郎（邦宗）の拝謁を受け、当時一〇歳の菊重十郎にお菓子を下賜されました。

正午仙台の行在所をご出発、岩手県に向かわれました。鎮台兵一連隊・県官・判事及び学校生徒ら一同が青葉下から堤町の出口まで整列、沿道でも多くの人々が見送りました。その様子は天皇をお迎えした時と同じように、女学生は紅粉で化粧し綺麗な服で着飾って、女の先生は袴を着し一〇〇余名が整列、壮年の男子は洋服を着ています。帽子にメッキの師の字を打ち付けて、かぶっているのはおよそ一〇〇人ほどの師範学校の生徒です。天皇ご一行は仙台を出て道を北へ進まれました。坂が多いわりに山は低く、大変見晴らしのいい眺めです。まもなく七北田（ななきた）へお着きになられますが、その入り口の七北田川の手前にも学校の生徒が一〇〇人ばかり並んでお迎えしました。二時頃七北田の桜井三蔵宅で小休止されました。周りは藁葺（わらぶ）き屋根の農家ですが、三蔵の家だけは少し見栄えのいい家です。玉座（ぎょくざ）からは農山村の風景がよくうかがわれ、人々の生活の有様を知ることができました。その後ご出発され田や山林の間を進まれました。見物人は所々にいますが、股引（ももひき）をはいた娘や鎌や鍬（くわ）を携えた農夫が泥足を田の畔に並べ、あるいは草に座り、また石に腰掛けたり、丸裸の赤子を背負ったまま、背中から脇の下へ小児の頭を引き出し乳を飲ます婦人などもいました。顔も足も泥に汚れたまま昼寝していた者が、天皇ご一行が近づいたと起こされ目をこすりながら、お乗物を拝むなど面白い光景を目にすることもできました。そこから大曲という険しい坂を越えて富谷(とみや)の気仙亀次郎宅で小休止され、午後五時過ぎ吉岡へご到着、行在所となる遠藤鉄之助宅に入られました。遠藤家は累代の素封家酒造家でその銘酒を「春風寒月」といい、家屋の規模も広大で、かつては仙台藩主の宿舎にも当てられた由緒ある場所です。ご膳水は下蔵青砥良助屋敷の井戸水を使用しました。各家々では国旗を掲げ道筋には盛砂撒水をし、老若男女沿道に立ち並んでのお出迎えです。郡内の小学校教員生徒は各校名を記した旗を立て、志田町入り口から高田橋まで両側に整列してのお出迎えです。行在所の表庭にはたくさんの花木を植え、玉座は二重に畳を重ね敷いて一段高くし、旧仙台藩を代表する絵師菅井梅関(すがいばいかん)の掛け軸をかけ、胡銅(こどう)の大花瓶には種々の花を生けて天皇をお慰めしました。諸官はそれぞれ分宿しますが、宿舎における給仕の少年は皆郡内の小学生で、学業素行共に優秀でかつ家柄と人物の優れている者のなかから選んだということです。

七月一日午前七時、吉岡をご出発されました。北の出口には谷川があります。その橋を渡り坂道を上り下りして八時頃駒場村に入られ和泉幾之助宅で小休止されました。この家は山中の畑の縁(へり)にある本百姓の家です。ここからまた坂道を登り、二里余りの道路は山の頂にあって四方を見ると、東西南北ともになだらかな山また山の連続です。大木のある山は見あたらず、田の肥やしと馬の餌に活用されている山なのでしょうか。供奉の人々もいかにも奥州らしくなってきたと感慨深げに話し合っています。道端の所々に見物人がおり、娘は股引の新しいのをはき、男子は藁と蓑を着ている者が多く、大きな髷や丸髷を結った女性も見受けられます。

娘たちの髪型や衣装の様子から、町場も近くなってきていることがうかがい知られます。山の麓へ下りきると広々としたところへ出ました。道の左の杉林の中に「困学先生筆塚」という大きな碑があり、そこから両側に柳の並木のあるところを四、五丁ほど進み、午後一〇時過ぎ三本木の鈴木徳之助宅で小休止されました。天皇を一目見ようとする人々で混雑しています。近くには前年大洪水に見舞われた鳴瀬川が流れています。ここから北へ出ると平野が広がり、二、三里四方もありそうです。田には皆稲が植えられ東西の山は離れた距離にあります。

田の間の官道を進まれますが左右は松林です。遙か彼方を見ると西の方の畦道には大勢の人々が天皇ご一行を今かいまかと待ちかまえています。加美郡や山形方面からも天皇をお迎えしようと来た人たちもいました。

道の途中には節婦辰女の墓へ何里と書いた碑があり、皆は辰女に思いを馳せました。

辰女は志田郡坂本村鈴木八五郎の娘ですが、八五郎は男子に恵まれず辰女の夫に八太夫という者を迎えました。二人は幸せに暮らし子にも恵まれましたが、八太夫は悪い病気になってしまいました。そこで八五郎は八太夫を追い出そうとしますが、辰女や母は反対しました。八五郎は計略を巡らし八太夫を罪人に仕立て奉行所に訴え出ました。八太夫は厳しい拷問にもその罪を認めようとしないので、妻である辰女を召して真偽を確かめようとしました。辰女は無罪の夫を罪人に仕立てるわけにもいかず、さりとて父親を罪人にするのもしのびがたく、自殺を試みますがうまくいきませんでした。辰女を奉行所に召すため迎えの役人が八五郎の家を訪れました。辰女は出頭する準備をするからといって家に入りました。なかなか出てこないので役人が部屋に入って確かめると、辰女は子供を殺したうえ自らの命を絶っていました。遺書には夫の無罪と父親を罪人にはできない胸のうちが記されていました。時の仙台藩主は辰女の貞節の情に理解を示し、八五郎の死一等を免じて無期懲役とし、母親には終身の生活を保障しました。そして寺には辰女を厚く弔うように金若干を与えました。

そのような往事に思いを馳せ、徳大寺と東久世は歌を詠みました。

三本木駅節婦辰女か碑をみて

なるせ川みをはしつめて後の世にかくはしき名をなかしけるかな　　徳大寺実則

なる瀬川なみのぬれきぬぬれかねて泡と消にし人そかなしき　　東久世通禧

そこを通り過ぎ一一時半行在所となる古川町の宮城裁判所支庁に入られました。入り口には志田郡第四大区内の一番から二二番までの小学生生徒およそ二千余名が整列し、天皇ご一行をお迎えしました。町内は桃生・牡鹿・加美郡や山形・秋田方面から来た人たちもいて、ことのほか賑わっています。この夜、小学校の生徒たちが、たくさんの蛍を薄い絹織物を張った竹籠に入れて行在所へお届けしたので、天皇は子供たちの優しい心遣いをことのほかお喜びになられ、小学校生徒へ一五円下賜されました。生徒たちはこの栄誉を大変喜び、大切な想い出になったことでしょう。加えて、古川町へは二五円が下賜されました。

五　老いの身の限り知られぬ嬉しさは（築館・有壁・一関）

七月二日午前八時、古川の行在所をご出発され渺茫（びょうぼう）と広がる大崎耕土を進まれ、荒谷（あらや）に到着されました。二二ヵ村の農民男女二百余名が皆赤い襷をかけ、黄色や紅色の手拭いをかぶって田の草取り風景をお目にかけました。天皇はお乗物の中からこの風景をご覧になられ、一同に一五円を下賜されました。ご一行は整列する学校生徒の奉迎を受けられながら雨後の泥濘（ぬかるみ）の道を進まれ、荒雄川（あらおがわ）（江合川）の橋を渡られますが、ここでも第五大区の学校生徒二千余名が、一校ごとに校名を記した幟（のぼり）を立てて天皇ご一行をお迎えしました。

午前八時五〇分、荒谷の石野佐兵衛宅で小休止されたあと、緩やかな坂道を進まれました。

まもなく高清水の西の小高い立海道の原というところへ到着され、ここでも天皇をお迎えしようと大勢の人々が集まっています。なかには四、五日はかかる遠方から風雨をものともせずはるばるやってきた人々もいます。

お迎えの多数の人々は草の上に跪（ひざまず）いて天皇をお迎えし、第六大区の小学校の生徒二千余名が、それぞれ校名を記した旗を立ててお迎えしました。青々とした芝生が一面に生え、大変見晴らしの良い場所なので近辺の人々が相談して、野立に供してもらおうと仮殿をしつらえて幕を巡らしお迎えしたので、天皇は村民の志を喜ばれ、しばらくの間仮殿で小休止されました。そのことで村民たちは大変喜び合いました。

さらに栗原・玉造郡などから産馬三百八十余頭とアラビア種駒七頭を広野に放して天皇にご覧いただき、天皇は馬について平素からお嗜（たしな）みでもありことのほかご満足されました。そして鬼首（おにこうべ）村大場源七郎飼育の栗鹿毛二歳駒を二五円、名生定（みょうさだ）村の遠藤忠兵衛が飼育した青毛を二七円でお買い上げになられました。これらは夕方まで築館（つきだて）の行在所に届けさせましたが、まだ年若い馬なので来年九月まで馬主へお預けとなったので両人の面目躍如たるものがあり、またこの地方にとっても大変光栄なことでもありました。

一〇時五〇分高清水の区務所でご昼食をとられました。正午高清水をご出発、上り下りしながら玉沢村大沢の力石坂上の松並木の間の小高いところに進まれました。そこには横五間、縦一〇間の壇を築いて御仮屋が設けられ、天皇は小休止されながら四方の景色を楽しまれました。近所の人々は鯉・鮒・鰻・蝦(えび)などを天皇に献上しました。坂の上からの眺望は素晴らしく、気仙(けせん)・登米(とめ)・本吉(もとよし)・桃生(ものう)諸郡さらには宮城と出羽を隔てる加美郡の山々も見えます。

急峻な坂道を通り過ぎ、学校生徒千余名をはじめ多くの人々の出迎えを受け、午後一一時行在所となる築館町の元本陣鈴木吉左衛門宅に到着されました。午後六時県令宮城時亮を行在所に召され、巡行中の諸事万端行き届いた手配に満足している旨のお言葉がありました。そしてお盃を賜られ木戸、東久世、杉の三名とともに陪席を許されました。岩手県六等出仕岡部綱紀が、天皇のご機嫌伺いに参上しました。明日の岩手県入りを前に、供奉の人たちは奥州の地は定めし野蛮な土地柄だと思っていたけれども、白河、二本松、福島も立派な都会、仙台は東京に一歩を譲るくらいの大都会であると述懐、吉岡から古川そして築館に入るに従って、初めて奥州の地に入ったという実感がするなどと話し合っています。この夜は行在所において古器物を天皇にご覧いただくとともに、高清水村と佐沼村などの農詩歌及び祝詞が献じられました。

七月三日は朝から雨が降っていました。天皇は午前七時御板輿に乗られ築館をご出発、坂を下り谷川の橋を渡られました。田の間を一四、五丁ほど進むと宮野村です。家々の軒下には天皇をお迎えする人垣ができています。七時半、富野村の鈴木清九郎宅で小休止されました。主人が家醸の「仙人」と名づけた酒を二樽献上、これを収めることとして磐井（岩手県）の行在所に差し出す旨が申し渡されました。二迫川の新橋を渡り姉歯の松のところで高崎侍従は歌一首を詠みました。

尋ね来ることをやさしみかくるるか姉歯の松は人ならなくに　高崎侍従

沢辺（さわべ）を過ぎて九時金成（かんなり）駅にお着きになられました。この時沢辺川の名産クキ魚（ウグイ）一〇尾が献上され、坂元某の老母八重七〇歳が歌を献じました。

老いの身の限り知られぬ嬉しさはけふの御幸に逢ふそにありける

沢辺村では渡辺為政所蔵の林子平の詩文が天覧に供されました。しばらく休まれたあとご出発され、十万坂の頂上にさしかかる頃にようやく雨がやんできました。金成小学校でご昼食をとられたあと、有壁（ありかべ）村の佐藤利右衛門宅で小休止されました。当家の子息力治が丹誠込めて育てた夏草の花をご覧になられ、しばし安らぎのひと時を過ごされました。この先の北の山上は宮城と岩手の県境となるため、ここで県官・巡査等が交代し、この日の行在所である一関（いちのせき）（磐井（いわい））の金森多吉宅へ向かわれました。

一関の南の入口は士族の住居でそこから一〇丁ばかりはそれ相応の商家がありますが、この年四月の大火によってことごとく焼失してしまいました。しかし裕福な人が多いとみえ、被害に遭った人たちの七、八割方は、普請（ふしん）も終わり落成も間近です。行在所となる酒造家金森多吉宅は、家の中は広々とし、おおむね完成しているようです。そのほかにも本日の天皇ご一行の宿泊に合わせようと普請を急いだ者もありました。なにせ四月に発生したまれに見る大火だったので、なかには板囲いや仮建のまま雨の降るなか、額ずいて天皇ご一行をお迎えする人たちもいました。この町は東奥では仙台に次いで繁栄している町なので、容姿や身のこなしを見ても鄙らしさは感じられず、小学生千二百余名が町の入口八〇〇メートルぐらいの間に整列してお迎えする際の身だしなみもさっぱりしていました。

第四章　一関から青森へ

一　あらそひしむかしのあとを衣川（平泉・前沢・水沢）

七月四日午前六時、一関の行在所において前年の水害に加え、本年四月と六月の二度の火災で罹災（りさい）した四百余名の人たちに金一〇〇〇円を下賜されました。行在所となった金森多吉宅は酒醤油の醸造家で、水害で酒桶も醤油桶もことごとく水をかぶり、あるいは流されて大損害を受けたうえ、今年は二度の火災に遭って家は灰燼（かいじん）に帰してしまいました。供奉の人々のお宿になった家も皆三度の災害を被（こうむ）った人たちです。しかしこの度のご巡幸は、一関開府以来未曾有（みぞう）の慶事なので、ぜひ一関にご宿泊へくださいとしきりに嘆願、供奉の月卿雲客（げっけいうんかく）（身分の高い人）のお宿にせんと我も我もと競って大工を雇い入れ急いで建てさせました。しかし梅雨の最中なので壁を乾かすため、七、八日前から炭火をたきながら壁を焙（あぶ）ってようやくこの日に間に合わせたという話です。これらの人々は今生の栄誉であると喜び勇んでいます。天皇は青人草（あおひとぐさ）（国民）の切なる願いを喜ばれ、深く心に刻まれました。また、戊辰の年に正義を唱えても容（い）れられず切腹した旧仙台藩の勤王家三好監物の一子清篤が、帰農して磐井郡黄海村に住んでいたのを輦路（天子の車の通路）に召され、亡き監物の誠忠を深く奇特に思し召されている旨のお言葉がありました。

三好監物は幼少から学問を好み、加えて剛毅で積極果断、仙台藩最後の藩主伊達慶邦の信望を得て若年寄に進み、江戸邸に出仕して勤王を唱えました。藩主に従って京都に上り、藩内の勤王の立場を明確に主張しました。しかし、幕末の仙台藩は勤王派と佐幕派が対立抗争して藩論は統一せず、奥羽鎮撫総督九條道孝の来仙後、まもなく奥羽越列藩同盟が成立しました。仙台藩は同盟軍の盟主となり主戦論が支配したため、監物は将来を憂い、在所東磐井郡黄海村で自刃したのです。そのような出来事からも天皇はしばし幕末から明治にかけての激動の往事に思いを馳せられました。

午前七時一関をご出発され、磐井川に架かる橋を渡ると、山ノ目を北に進まれました。雨が晴れて景色もことのほか麗しく、岩手県下に入ってからは道に粗い砂利を敷き、溝川などの橋には赤い布を竹につけて標としました。村の一つ一つ木札に記し、坂道にはその高低を示して路傍に立てたので、供奉の人々も便利に感じました。川辺村というところに学校の生徒六～七〇〇人ばかり並び立って拝礼しています。ここから東の方を見ると東稲山が高く連なり、北上川がその麓を流れ、一関の後方から中尊寺の北に至る西山と、東稲山を中心とする東山の間は稲田が青々としてまるで蒼海のようです。

まもなく平泉村へ到着しました。道の右手に松杉が生い茂っている山があります。地元では判官館と呼んでいる高館跡で、山頂には義経の祠があります。天皇は御板輿で山に登られました。毛越寺の衆徒等が木陰に座って音楽を奏でています。ここには御仮屋が設けられ、毛越寺の宝物を飾りつけてあります。なかでも古い鉄製の仏龕は塩竈神社で見た和泉三郎の寄進したものとよく似ています。天皇は崖の上に設けられた玉座から北上川の流れを眺望され、前九年の役（一〇五一～六二年）や後三年の役（一〇八三～八七年）の往事に思いを巡らされました。そのあと地方官の岡部を召して、前年の洪水の有様や土地・物産のことを聞かれました。八時半頃、衣川村及川吉次宅で小休止されました。この場所は衣川が北上川に合流するところで、弁慶戦死の地といわれ松樹を植えてその目印としています。

御輿に乗られ中尊寺に向かわれました。老杉が天を刺すように昼なお暗いなかを登り、金色堂にご到着されました。天治元年（一一二四年）完成のこの堂は初代藤原清衡が創建したもので、満堂ことごとく金箔を貼り込んでいるので世間では「光堂」と呼んでいます。大きな建物ではありませんが、荘厳さは目を見張るばかりです。かつて何度かの火災に見舞われいまは金色堂と経堂を残すのみで、他の寺院塔堂の遺跡はその名をとどめているだけです。堂中の上壇には阿弥陀仏を安置し、中段には清衡・基衡・秀衡の三棺を置き、また和泉三郎の首桶などが置かれています。堂は七百余年を経て金色の剥落も見られますがそれでも往時の壮麗さをうかがい知ることができます。天井はことごとく金箔を押し、前の円柱には極細な十二光仏の蒔絵があり、仏壇の下には鍍金の金物があります。それは花が彫られた大変細やかな作品で、上の螺鈿の唐草を研ぎ出しその九分九厘はすでに剥脱が見られますが、十分往時の面影が偲ばれます。

経蔵は藤原清衡の奉納した紺紙金銀泥の一切経と、基衡の紺紙金泥の一切経や、秀衡が納めた宋版の一切経があり、いずれも珍しいものばかりです。宋版の経は唐櫃に入れ、紺紙金泥の経は皆巻物で、六巻入りの小箱に入れ棚に並べてあります。

そのあと白山神社に向かわれました。この社では毎年四月の初午に中尊寺の衆徒が神前で能を演じていますが、この日はご一行がおいでになるというので催された「竹生島」「開口中尊寺由来」という能の演目をご覧になられました。中尊寺の本坊でお休みの時間は、客殿には最勝王経の絵曼陀羅二幅や清衡・基衡の太刀、安倍貞任の鞍・鐙、中尊寺の古図、北畠顕家の書巻等をご覧になられました。

一時過ぎ坂を下りながら平泉もあとにする際も天皇をお見送りする人々や生徒たちなど大勢が沿道に集まりました。岩倉、木戸、徳大寺が歌を詠みました。

岩手県下なる中尊寺にて

言の葉の種ならぬものなかりけりいはてなすきそ百つかさ人　　岩倉具視

あらそひしむかしのあとを衣川波た丶ぬ世にきてもみるかな　木戸孝允
衣川昔をしのぶ袖の上にゆみはり月のかけそやとれる　徳大寺実則

午後一時、前沢の佐藤儀四郎宅でご昼食をとられました。午後一時半ご出発、山紫水明の景色を楽しまれながら午後四時水沢にお着きになられました。町の入口から中ほどまで大勢の生徒たちが、男女に別れ整列し天皇をお迎えした様子は見事で、仙台以北では最も多い人々のお出迎えです。行在所は戸板万六宅です。

二　夏引の手ひきのいとのひとすちや（黒沢尻・花巻・盛岡）

七月五日午前七時、水沢の行在所をご出発されました。この日は雨が降り続き供奉の人たちも大変難儀しました。八幡村（宇佐村）を過ぎて一里ほど行くと右方五丁ばかりのところに八幡宮の社があります。この社は鎮守府の跡と伝えられ、宮の額に「鎮守府八幡宮」とあり、もともと寺は安国寺という宮の別当であったが廃仏毀釈（はいぶつきしゃく）で衰微してしまいました。そのためこの社には古い宝物はもとより、礎石の跡や古木ともいえるような木も見あたりません。八幡の境内は一町四方あり、周りは田野茫々として空に連なり、実に沃野千里ともいうべき眺望です。この時田間の細道から一七、八歳の娘が二、三人天皇ご一行をお迎えしようと出てきました。姿形といい、整った衣装や頭の飾りから裕福な暮らしぶりがうかがえます。よく耕されている田畑を眺めながら、御駕籠は胆沢川に新しく架けられた橋を渡りました。金ヶ崎の小学校で小休止され、八時過ぎご出発されました。小さい村々を通り過ぎ険しい坂を上り下りして胆沢に入り、相去の津田市左衛門宅で小休止されました。坂を下り北上川の堤防を北へ進んで二十余町も行くと広漠としたところに出ますが、雨中の景色はことさら風情のあるものでした。

川の向こうには男山という大変綺麗な山があります。相去村のはずれと鬼柳村の入口の人家は一つの宿場のようで、町の中央は胆沢郡と和賀郡の境です。進んで行くと和賀川があり、最近新しい土橋が造られました。長さ八八間幅四間で欄干がついています。七月一日に渡り初めしたばかりです。橋を渡り黒沢尻に到着、中島孫兵衛という酒造家の家で昼食をとられました。

正午過ぎ黒沢尻をご出発され、田の中の官道を進まれました。四方の山々は霧の中に見え隠れしています。この辺は東西二里、南北五、六里で、ことのほか肥沃な土地です。黒沢尻は安倍貞任の弟である五郎正任のいたところと伝えられ、正任はいち早く源頼義の軍門に降り、のちに黒沢氏と称し名跡を伝えたといわれています。花巻までは坂道が多いわりにはいずれも低い坂なので、いままでたどってきた急峻な坂道とは比較になりません。次は成田村の橋際にある斎藤弓次郎宅で小休止されました。この日も生徒たちが所々に整列し雨にもかかわらず羽織袴姿で拝礼しています。午後二時半過ぎ豊沢橋という長さ六〇間ばかりある橋を渡り、川口というところに到着されました。この辺りにも花巻及び川口の生徒が洋服または羽織袴を着し、女生徒も相応の美服で総勢一四〇〇人が傘をさして立ち並び、天皇に拝礼しました。ご一行は町はずれから小坂を上り五、六町坂を下って花巻に到着され、午後三時花巻の行在所となる渡辺弥四郎宅へお着きになられました。

七月六日午前七時、雨が激しく降っているなか行在所をご出発されました。見送りの人々は濡れるのも気にせず両側に立ち並んでいます。傘をさしていないので頭からずぶ濡れになりながらも謹んで拝礼し、立ち去る者もいましたが、多数の生徒たちがお見送りしました。

花巻から北の道は平坦で坂がなく、北上川は東の低い山々の下を流れて、標高二〇三八メートルの岩手山だけが西の方に高く聳えて見える本来なら素晴らしい景色ですが、この日はあいにくの雨で岩手山すら見えず、四方の山も霞(かす)んでいます。供奉の人々も人力車の幌(ほろ)の中で揺られながら、ともすれば睡魔におそわれました。岩手の人々は、このご巡幸は大変有り難いことだと歓迎の気持ちでお迎えしましたが、連日雨を降らせた天を恨み嘆いたということです。石(いし)

鳥谷（どりや）の金子与五右衛門宅で小休止され、郡山の金子七郎兵衛宅で昼食をとられました。そのあと、高田の日比善八宅で小休止され、午後三時、盛岡にご到着されました。

この日の行在所は、岩手県士族菊地金吾宅で二泊のご予定です。島惟精（しまいせい）県令、岡部六等出仕、青森県権参事官那須均らに加え、先発した宮内少丞桜井純造が天皇に拝謁しました。天皇は、県令に対し管下の招魂社を祀らしめ、また目時隆之進・中島源藏に祭粢料をくだされ、その旨を遺族に伝えさせられました。この二名は旧南部藩士で徳川氏政権奉還の際、主家が勤王派になることを願って東奔西走しながら議論を尽くしますが容れられず、切腹して果てました。やがて時代はこの二人が見通したとおりとなり、朝廷からはすでに追賞の栄誉に与っていましたが、特に今回の巡幸を機に追懐されたことによるものです。郡山から盛岡間の道路は真っ直ぐよく整備され、両側の松並木は日本国内でもまれに見る見事さです。ご一行が行在所にご到着されてからも雨は降り続いているので、供奉の人たちは明日こそ晴れて欲しいものだと空を仰いでいます。

七月七日午前八時行在所をご出発され、岩手県庁に向かわれました。天皇は玉座に一時お座りになったあと、県庁各課をお歩きになられました。租税局でも玉座を設け、島惟精県令から祝詞と県政の概要についての説明を受けられました。

また六等判事岡部綱起からご説明を受けられたあと、白洲及び訴訟、民事や刑事等の関係部所をご覧になられ、まもなく仁王学校に行かれました。ここで盛岡九校の生徒約一五〇〇人の中から選ばれた五〇〇人の体操をご覧になられました。生徒の内四〇〇人ほどは女生徒でいずれも羽織袴、整った洋服などを着ています。運動に勉学にいそしむ生徒たちへの期待を岩倉具視は歌に託しました。

　　盛岡といふ所の学校にかよえる子供のおのれ
　おのれに書籍を携えて行けるをみて
玉ほこの道のおくまておしへ草おひしけれはやつまぬ子のなき
岩倉具視

一〇時勧業所へお入りになり、製紙・養蚕・機織(はたおり)などの女工の働く様子をご覧になられました。またここにある博物場へも足を運ばれ、陳列してある管内の産物をご覧になられました。狼の子もご覧になられました。この辺り一帯は有名な馬産地ですが年々狼による被害が多く、多い年では四、五〇〇頭の馬が狼に食い殺されるので、前年八月県庁令を下し、狼を捕らえた者からは、牡(おす)狼一頭につき七円五〇銭、牝(めす)狼一頭につき八円五〇銭、子は一匹三円にて県庁で買い上げる法を立て、さらに遠方の者には旅費を給する対策を講じた結果、一年足らずで四〇匹ほどの狼を捕ることができたということです。お見せした狼の子は牝狼とともにつかまえたものです。肉以外何も食べず決して人には慣れず、成長するに従い昼間は物陰に隠れ、人が手を出せば食いつこうとする有様です。いまだ狼を捕らえ持って来る人がいるということです。またご覧に入れたのは下閉伊郡九戸村の山中に住む最も貧窮な者の衣服と食物でした。衣は極めて粗末な麻布を紺色に染めた短い袖の半纏と股引です。いずれも百結の鶉衣で実に人間の肌に着けるようなものとは思われません。食物は栃の実や楢の実を搗き砕いて湯を通し薇の粉や稗の粉を混ぜて団子のようにしたものです。木戸顧問が団子を一つ手に取り食べてみましたが、とても口にできるようなものではありません。皆はそのような貧しい生活をしている人の現状を知り、袖を濡らしました。岩倉具視が、歌一首を詠みました。

陸奥人の養蚕を見て

夏引の手ひきのいとのひとすちやみちのく人のいのちなるらん　　岩倉具視

行在所菊地金吾宅で昼食をとられたあと、午後二時県社八幡神社社務所へ行かれました。ここでは馬をご覧いただこうと御仮屋が設けられていました。厨川村の清吉という八二歳の老人が先頭に立って馬子唄を歌いながら七、八人の馬子（馬を引く人）を引き連れ、五色の布で飾り立てた馬のあとから四〇〇頭ほどの馬が御前を通り、併せて古くから南部家に伝わる曲乗りが催されました。

馬乗りの面々は四戸源次郎や沼内秀頭ら一六人ばかりで、一九の曲芸を披露しました。赤い陣羽織を着て馬を走らせながら、玉座の前で「オー」と声をかけ馬の横腹のところへ身を伏せ、一〇間余りも走り過ぎて鞍壺に起き上がるのは敵隠れの曲芸です。また素襖（江戸時代、五つ紋の礼服）を着て手に梅の花を持つ梅飛の曲芸など、さまざまな曲芸が披露されました。なかにはいうことを聞かない馬がいて、それらを天皇は愉快そうにご覧になっておられます。社務所へ戻られる途中では、この町の若い男女が入り交じって豊年踊りをしています。天皇はそれをご覧になりながら、午後五時行在所へ戻られました。

六時過ぎ岩手県令島惟精を行在所へ召され、親しく県政の概要についてお尋ねになられました。岩手県は三陸の中央に当たり、東は海に面し、西は秋田県に接し、南は宮城県にそして北は青森県に連なっています。郡数一一、戸数一〇万二〇九三戸、人口五七万二七一八名、県庁所在地は盛岡、吏員はおよそ八〇名ということです。また、判事及び釜石在勤鉱山寮館員を召して、仕事の内容についてお尋ねになられました。そのあと酒肴を下賜され、また群臣にもくだされました。

旧盛岡藩士で先に勤王の大儀を唱えながら志なかばで切腹した目時隆之進、中島源蔵の遺児等がこの近くに住んでいることを聞かれ、その人たちを召して祭粢料を一五円ずつ下賜されました。また、行在所の主人菊地金吾を御前に召して、岩倉具視から産業振興に力を尽くしていることについて天皇は深く感じ入っていると伝えられたので、金吾は身に余る光栄と袖を濡らして御前を退きました。

菊地金吾は家産に富み性格は温順で善行を好み、困っている人々を救うため常に米を備えてこれに充て、学校には寄付をし士族の徒食無産を憂い、四年前には機場を開き婦女に就労の場を提供し、今日では二四〇名に及びさらに発展を続けている。天皇は特に拝謁を許され右大臣から褒詞を伝達させ、紅白縮緬二疋、金二〇〇円を賜られ、別に工場には金五〇円を賜られました。

前日は花巻から盛岡までの道端には出迎えの生徒およそ一万三〇〇〇人ほど出たということですが、この日も盛岡市内はお出迎えの人々で満ちあふれ、思うように歩けないほどの混雑ぶりです。夜は家々に提灯を出し、盆踊りや獅子踊りなどをやっていますが、東京の獅子踊りとは異なり興味をそそられたご様子でした。盛岡市内は仙台に比べると金持ちが多く家の造りも立派で、行在所はもちろん岩倉・木戸らの旅館も東京を出てからは一番立派に見受けられました。

三　もちゐけんこゝろ深さは紅の（渋民・沼宮内）

七月八日、旧南部藩主南部利恭（なんぶとしゆき）が拝謁しました。また中島源蔵の父常有と目時隆之進の長男政治をお召しになられました。二氏は門内において拝跪（はいき）（跪き拝むこと）しました。またこの近くに住んでいる佐五郎という者の祖母熊も拝跪しています。熊は一〇三歳でその手作りの大豆一包を天皇に献上しました。天皇は高齢を賞され真綿二巻と金若干を熊に与えられました。行在所の主人菊地金吾はカタクリ粉に米粉を少し加えた自製の紅梅餅を献上したので、天皇はご出発に当たり高崎侍従長に紅梅餅の歌を書かせ、菊地金吾に与えられました。

もちゐけんこゝろ深さは紅のうめのいろにと匂ひけるかな　　高崎正風

午前七時盛岡をご出発されますが、盛岡の町はずれに一七～二〇歳ぐらいの工女が、紅粉で化粧し袴を着て並んでお見送りしました。さらにたくさんの生徒が四丁ばかりの間に整列しています。師範学校の生徒や、町役人も洋服を着てのお見送りです。橋をお渡りのとき、橋下には納涼台が設けられ、それが雅趣を漂わせ、夏の盛りには近辺の人たちが涼をとるというのもうなずけます。

市街を離れ松並木を過ぎて、昨年開いたばかりの新道を登りきると、「黄金水」といわれる清冷（ひややか）な湧（わ）き水がありました。側にある茅葺（かやぶ）きの店で小休止されました。そこから長い坂を越すと上田村の釜沢政能宅に到着し、しばらくお休みになられました。

ご休息もそこそこに山間の道を進み坂を下ると、北上川の見える場所に出ました。ここは川の上に峙っている絶壁の岩石を切り開いて輦路を開いたため「闕（かけ）の山」といわれています。下を見ると無尽の底を見ているようで碧潭（へきたん）（あおあおとした深い淵）千沢の趣に思わず心が凍りそうです。川向こうの山には無数の栗の花が咲いていて景色は大変素晴らしく油絵にでも描きたいような風情の場所でした。

しばらくして坂を登りきると後ろの山に松の生い茂ったところがあり、そこは千本松といわれている場所で御野立所が設けられていました。西に向けられた玉座からは、晴れていれば北上川を隔てて岩手山が望める絶景ですが、残念ながら岩手山中腹の上は雲に覆われて見ることはできません。供奉の人たちも残念がってしばしの間、歌などを詠み合いながら時を過ごしました。

御出立後、一つ二つ村里を過ぎて、正午過ぎ、渋民（しぶたみ）村に到着されました。村の入り口には小学生一〇〇人ばかりが出迎え、駒井太兵衛宅で昼食をとられました。ご一行は荒涼とした景色に強い印象を受けたご様子で、再びご出発され数ヵ所の村落を過ぎ、次は巻堀（まきぼり）村に向かいました。岩手山が西に雄大な姿をのぞかせていますが、頂上付近は雲に覆われ見ることはできません。しかし北上川の向こうは広大な草原が広がり、放し飼いにしてある馬が草を食べている姿には心を奪われたようでした。

午後二時巻堀村の工藤愛親宅で小休止されました。村の北側には杉の木が生い茂った金勢大明神を祀った鎮守の森があります。小学生のお出迎えを受けながら川口村の村井元吉宅にお立ち寄りになられました。ここには樹齢五〇〇年の枝の垂れた松があり、設けられた玉座で、御野立を楽しまれました。北方を望むと山の色は蒼々として深山幽谷の趣です。

そこから大きな谷川を渡り小さな坂をいくつも越え午後四時、多くの人々の出迎えを受け行在所となる沼宮内（ぬまくない）の村井小四郎宅に到着されました。午後六時半岩手県令島惟精を行在所に召され、今回の巡行に当たって万事行き届いた手配に満足しているという御慰労の言葉があり、そして手ずからお盃を下されたので、島県令は大変かたじけないことと感激して退出しました。

明日はいよいよ青森県入りです。四月初旬のような天候不順で、麦の刈り取りも進んでいない状況などに思いを巡らせながら、一日を終えていきました。

四　久方の雲のうへまてきこえあり（小繋・一戸・三戸）

七月九日、午前七時沼宮内をご出発されました。沼宮内は江戸時代には代官所が置かれ、奥州街道の宿場町として、また三陸沿岸の野田・久慈方面へ街道が分岐する交通の要衝として栄えた場所です。数ヵ所の集落を通り過ぎ、山間の道を北へ進み、四ツ股坂を下り、八時御堂村新通法寺観音堂において小休止されました。

観音堂の後ろに古い杉があり、上部は四股に分かれ、一本は三丈ほどの高さです。皆でこの杉を取り囲み手を合わせて測ってみると八人抱えほどありました。境内には前九年の役のとき、安倍頼時・貞任を討ち、東国に源氏の地歩を確立した源頼義の弓清水と呼ばれている清水の湧き出している岩があります。

伝えによると頼義が炎天下大軍を率いてここまでたどり着きますが、兵は渇きのため苦しんでいました。その時頼義が弓をもって岩角を穿（うが）ったら、わずかに流れていた清水がどっと湧き

獅子踊り

出してきたと伝えられています。清水を口に含んでみると清澄な清水です。また源頼義の釜といわれるものもありました。地元では北上川の源はここに発するといい伝えられている場所です。北上川はこの清水の流れも含む七時雨（ななしぐれ）火山南斜面の水を源流としながら岩手県中央部をほぼ南に流れ、盛岡、花巻、北上、水沢、一関を経て宮城県の石巻で太平洋に注ぐ全長二四九キロメートル、全国第四位の大河です。近世には重要な物資輸送路となり、鉄道が開通するまで東北経済の大動脈の役割を果たしてきました。天皇はこれらをご覧になられたあとご出発されました。

ほとんど人家はなく、犬や鶏の声も聞こえません。時々出迎えに立っている人たちの服装も男も女も変わりなく、日々の生活の大変さがうかがい知らされました。九時二五分中山村の中島孫蔵宅で小休止され、小繋（こつなぎ）の長楽寺に向かいました。小繋は江戸時代からの入会地（いりあいち）で、多くの人々が山の恵みを受けて生活してきたところです。

一一時過ぎ小繋に到着、長楽寺で昼食をとられました。正午ここからは御輿に乗られご出発されました。

山々は屹立しています。馬淵川の谷川に架けた橋を渡り、岩石の多い険しい山道を進まれました。坂の中ほどから東の方を望むと谷底に大きな村が見えます。ここからさらに進んでいくと今回のご巡幸のなかでは最も厳しい道です。一時四〇分小鳥谷村の上田太蔵宅で小休止されました。小鳥谷村は漆づくりを家業とする者も多く田畑も多く、裕福そうな人たちも見かけました。郭公鳥の声や、樹間からは藪中を子を求めて鳴く雉の声も聞こえ、人や動物の息づかいを身近に感じることができました。

さらに道を進まれ三時一〇分日蔭坂で御野立をし、そこで疲れを癒されたあと、馬車に乗られ、一戸へ向かわれました。入口には五〇〇人の生徒がお出迎えしました。青森県参事塩谷良翰が先導され、四時過ぎ行在所となる一戸の金子茂八郎宅にご到着されました。

一戸の名の由来は、中世糠部郡の行政区画「戸」によるとされています。江戸時代は奥州街道の宿場町として発展し馬産地として知られた場所です。近くには根反の大珪化木があります。この植物化石は、一七〇〇万年ぐらい前の根反川の凝灰岩層に直立した高さ六・四メートル、直径二メートルのわが国最大の化石で、そのほか馬淵川上流は多数の珪化木で知られています。

七月一〇日は晴れの一日でした。午前六時四五分一戸駅をご出発、途中から御乗輿に乗られ、

浪打峠　末の松山

急坂をよじ登るようにして進まれました。翠陰（青葉の蔭）が陽を遮り、一服の涼を与えてくれました。山が秀麗さを競い合っていますが、ここが有名な末の松山であるともいわれている場所です。峠に達すると、左右には峭壁（切り立った険しい崖）が峙ち、浪痕も見え、海浜の赤壁のようです。そこで浪打峠ともいわれています。またこの辺では、蛤や蟹などの化石も出るということです。天皇はここで御野立にしばしの時を楽しまれました。

一人の翁が山上のご休憩所に清水を桶に入れて、歌一首を添えて献上しました。天皇に差し上げた水は、浪打峠の後ろの坂下に湧き出している清水で、ことのほか清らかで冷たい霊水です。

其桶にそへたりしうた
足ひきの山の泉を汲あけて
わか大君に御茶たてまつる

その事を聞き、渡忠明は次のように詠みました。

　久方の雲のうへまてきこえあり山下水のおとのさやけさ

そのあと御輿に乗られ険しい坂道を下られ、村松を経て岩谷川を過ぎ、八時五〇分福岡駅に到着されました。ここには戦国武将九戸（くのへ）政実（まさざね）の城址があります。政実は南部氏の支族で、糠部郡九戸地方を領有していましたが、南部氏の当主となった信直と対立し豊臣秀吉の派遣した蒲生氏郷、浅野長政ら上方軍の攻囲を受けました。城址は、激しい攻防戦が繰り広げられ落城（一五九〇年）した。悲劇をいまに語り継がれている場所です。しばし往時に思いを馳せられ、村井治兵衛宅で小休止され金田一駅に向かわれました。

西北には北上川の源流七時雨山を望むことができます。この山は、常に天候が変わり、一日七回山容が変化することからこの名前がつけられたといわれています。

一〇時金田一駅に到着、岩崎孫七宅で小休止されました。金田一は、馬淵川（まべちがわ）に臨む温泉のある町としても知られ、南部藩の指定湯治湯となり「侍の湯」とも呼ばれていました。馬淵川は延長一四二キロメートル、岩手県葛巻（くずまき）町の袖山（そでやま）（標高一二〇九メートル）南斜面を源とします。北上高地北部を北流し、青森県八戸（はちのへ）市で太平洋に注ぐ北上川についで岩手県第二の長流です。

さらに坂道を過ぎ平地に出て、蓑ヶ坂をよじ登りました。南部第一の峻坂といわれているだけあって言語を絶する厳しい坂道をやっと登りきりました。ここに二つのテントを張って御野立の場所がつくられました。天皇のテントは白木綿に青の縁を取り、緋緋羅紗の飾りがあり上には金糸で二つの御紋を縫いつけてあります。ここで難路を登りきった供奉の人たちのため山麓の村店に命じて、飯を炊かせ坂上に運ばせ、同じように藁草を坂上に運ばせ馬に与え、しばしの休息をとらせました。

南の方に目をやると馬淵川が南から来て丸く東を回りまた南へ向かい、さらに東へ流れるおり、まさに天下にまれなる奇観です。ここを出発されまた山路を上り下りして、午後二時三戸駅に到着されました。駅の入口には小学生二百五十余名が整列してのお出迎えです。女生徒もこざっぱりして綺麗な身だしなみです。今日の行在所松尾秀太郎宅にお着きになり、しばし静かな時の移ろいに心を休められました。

午後五時、行在所から馬車で小学校へ向かわれ、引き出されてくる産馬（競走馬）一六三頭を一頭一頭ご覧になられ楽しいひとときを過ごされました。

五　陸奥を国の果てとし嘆きしを（五戸・三本木・七戸）

七月一一日も晴れです。午前六時半、三戸駅をご出発されました。橋を渡り坂を上り下りしながら北へ進まれました。途中唐馬の墓といわれるものがありました。これは藩政時代ペルシャから来た良馬（種馬）を埋葬したと伝えられている場所です。途中から御板輿に乗られました。七時三九分小向村の和泉弟三郎宅で小休止されました。ここからは御馬車・御板輿・御歩行と変えられながら長い坂を進まれました。登りきったところで西南を望むと岩手山が遙か南に雲のように見え、鹿角山(かづの)は西に、八ヶ峰は北に聳え、まさに天下一品の絶景です。

山道の平坦な道を上り下りし進まれると、高山坂というところがあり、そこで御野立を楽しまれました。津軽富士といわれる標高一六二五メートルの岩木山、標高一五八四メートルの八甲田山、八幡平(はちまんたい)、そして高野山・比叡山とともに日本三大霊場といわれる標高八二八メートルの恐山(おそれざん)が眺望でき、あまりの壮大な美しさにいままでの疲れも吹き飛んでしまうようです。

しばし絶景を楽しまれたあと出発され、浅水駅の石田忠八宅で小休止されました。さらに道を進まれ宇津木に入るとお出迎えの人々が集まっています。今回のご巡幸のコースからはずれた八戸の士族、神官、僧侶が路傍より拝礼しました。その傍らには幕が張り巡らされ中にお供え用の重ね餅を乗せる六尺四方の三方が置かれていました。下の餅の重さは七斗、中が五斗、上が三斗ばかりの大きな餅です。その隣には間口七間奥行き五間の幄屋（あくのや）（儀式や祭祀などの際、庭上に設けるテントのような仮屋）を造り、その中に八戸三景というものが作ってありました。第一に馬淵川の大橋で長さ八四間、幅五間と記してあります。第二は長者山の麓にある新羅の神社、第三は東の海中にある蕪島（八戸市鮫町蕪島）の厳島の社で、その傍らに一隻の蒸気船を繋ぎとめる様はまさに八戸三景を連想させました。これらを作った材料は蕎麦、稗粒、片栗、藺草、麻、大豆などすべて八戸の産物です。八戸へのご巡幸はないということを残念に思い、せめて八戸三景を模したものを作り、天皇にご覧いただこうと大澤多門が世話人となり作ったのです。天皇も珍しいと思われたのでしょう。しばらく御車をおとどめられご覧になられました。

一二時二〇分五戸駅にご到着、行在所は三浦伝七宅です。入口には八戸及び近辺の公私立の生徒三五〇〇人を超える小学生がお出迎えしますが、五戸の生徒は二〇五〇人であとは八戸など近郊から来た生徒たちです。

午後四時、八戸の橋本素淳という七五歳の老人が自ら画いた赤壁舟游図（せきへきしゅうゆうず）と魚の図の二幅をお飾りいただきたいと持参しました。岩倉具視が直ちに天皇にこれをお見せしたところ大変お気に召されお手元に置かれました。橋本へは晒布一疋を賜られますが、橋本はこの年になってこのような恩典に与ること面目このうえないことだと感涙し、御下賜品を押し頂いて行在所を退出しました。

また八戸の浦山太郎兵衛という者が、歌一首を献上しました。

陸奥を国の果てとし嘆きしをけふの御幸に逢ひにけるかな

七月一二日も晴れの日でした。午前六時四二分五戸駅をご出発になられました。駅のはずれではしばし馬車をとどめられ、田の草取り風景をご覧になられました。八幡坂とか赤坂などという坂がありますが、前日と比べれば大変楽に進むことができました。八時伝法寺の成田善蔵宅で小休止され、藤島駅に向かわれますが、前途は広大な沃野が広がっています。三本木駅には青森県参事塩谷良翰がお出迎えされていました。旧開墾事務所で昼食をとられました。この辺一帯は一五、六年前までは人家わずかに二、三戸、狐や狸の巣窟でした。しかし盛岡藩士の新渡戸傳（新渡戸稲造の祖父〈一七九三～一八七一年〉）が開拓を志しこの辺一帯を開拓しました。傳は若い頃商人に身を転じましたが、再び仕官し山奉行・三戸代官・勘定奉行を歴任、岩手・志和・稗貫・和賀郡内の開墾事業に成功したのち、安政二年（一八五五年）三本木開拓事業に着手し、翌年熊の沢と矢神間一四一二間の隧道を掘り抜き、同六年三本木の上水に成功、開田も進み、起業以来一〇年を経た慶応二年（一八六六年）開発高は九七〇石に達しました。その後明治二年（一八六九年）七戸藩の家老・大参事を経て同四年（一八七一年）三本木会所で没しました。天皇は親しく開墾地一帯をご覧になられますが、青森県権参事那須均は御乗物の側に寄り添いながらつぶさにご説明をされました。天皇は大変感銘を受けてお聞きになられました。天皇は傳の遺子三木人に金幣を賜られ、また宮内卿を通して父の遺志を継承すべきことを諭されました。ここに住んでいる人々は皆傳から恩を受けた人々ですので、このことを聞いて感泣のあまり地にひれ伏しました。池野台において旧斗南藩広沢安任の牧畜の様子をご覧になられました。牛馬飼育の事業は大変順調にいっているようです。広沢は英国人マキノンを雇い新式の方法で成功しました。明治五年頃事業を開始しアメリカ種の馬二一頭、牛一八〇頭いずれもよく太り、毛艶も美しいものばかりです。広沢は御前に召されました。徳大寺より牧畜の有様をお尋ねになり、金五〇円を賜り、次に雇い人マキノン氏も拝謁を許され金五円を賜りました。安任はこの光栄に大変感激しました。

斗南藩は、戊辰戦争で会津藩主松平容保が領地を没収され、嗣子容大が斗南藩三万石を賜りました。藩庁ははじめ五戸にのち田名部に移り、明治四年斗南県となりのち弘前県、そして青森県に合併されました。旧会津藩士の苦難の歴史をとどめた場所が数多く残されています。さらに進まれると八甲田や八幡平、野辺地の烏帽子岳などが間近に望めなんともいえない爽快な気持ちになります。

　午後三時七戸に到着、行在所は浜中幾治郎宅です。七戸は八甲田山の東麓に位置するこの地方の文化・経済の中心地で本邦で最も馬産の盛んな場所です。ここで良馬八頭をお買い上げになられました。

　青森駅にいた内務卿大久保利通が部下を引き連れて拝謁したあと、天皇の函館入りの準備のため直ちに青森に引き返しました。

六　色もねも霞に消し花鳥の（坪村・野辺地・青森）

　七月一三日は晴れ。午前六時四〇分行在所を馬車に乗られご出発されました。八時二一分坪村に到着、榛戸半兵衛宅で小休止されました。

　伝えによるとこの場所は田村将軍の碑を埋めたところといわれています。千曳（ちびき）の社がその場所だと伝えられています。木戸孝允が行って見て、県官らに命じて碑を掘らせてみましたが、確認することはできませんでした。近くには石文村（いしぶみむら）があり、古来いろいろいわれてきましたが、何も確証となるものはありません。岩倉具視が歌一首を詠みました。

　　壺村にて

　みちのくの野をもわけ過て昔をしのふつほのいしふみ

この日の行在所は、野辺地駅の野村治三郎宅です。野辺地は下北半島の基部に位置する町です。地名の由来はアイヌ語のヌップペッ（野を流れる川）に由来するといわれています。藩政時代は野辺地湊（のへじみなと）として南部藩の重要港として物質の移出入で賑わった場所です。西回り航路の商港として上方風の文化が伝わり、祇園囃子（ぎおんばやし）や屋号などに往時の面影が偲ばれる史跡の宝庫でもあります。

天皇は青森県参事塩谷良翰を召して県政の概要についてお聞きになられました。青森県は三陸の最奥に位置し、南は陸中（岩手）、羽後（秋田）に接し、北と東西三面は海と接しています。東西直径五十里余、南北は四十里強、郡数四、戸数八万三六二五、人口四八万九二四五人、本庁は青森新町にあり、吏員一六九名という説明を受けられました。天皇は管内の召魂場へ金幣を賜られました。

午後六時、天皇は野村治三郎を御前に召され親しく接見され、右大臣岩倉具視から、次のようなお言葉が伝達されました。

「その方は平素から高い志を持ちこれまで窮民等に対し支援の手を差しのべ、また旧斗南藩窮士移住者へ資本金を貸し与え、同藩借財等についてもそのまま差し出すなどの善行は枚挙にいとまがない。天皇はそれを深くご満足に思われ、思し召しをもって今回の巡幸の機会に謁見を仰せつけられたものである」

野村は忝けないお言葉に深く頭を垂れ承りました。

夜、御料馬車馬花鳥号（洋馬青毛米国産）が、病を得て斃れました。花鳥号は春風号とともに一対の馬車馬として忠実に任務をこなしてきました。野辺地の常光寺に手厚く埋葬されますが、高崎侍従が追悼歌一首を献じ冥福を祈りました。

　花鳥といふお馬は春風と同じくアメリカより取り寄せた俊足でこの度も御輦（天子など、貴人の用いる車）を牽かせたまひけるが野辺地につかせたまひける夜、俄に病に斃れければ悼みて詠みける

　色もねも霞に消し花鳥のあとしたうらんあはれ春風

七月一四日は、前日と同じように厳しい暑さでした。午前五時行在所をご出発され、六時一五分口広村の阿部徳兵衛宅で小休止されました。その後、右には海を、左には山の風光絶景を楽しまれながら荒涼とした砂原を歩まれました。七時三七分小湊の竹内与右衛宅でお休みになられました。竹内はこの日に備え行宮を造り天皇をお迎えしました。天皇から竹内に恩賜がく

だされました。この辺りはホタテ貝の産地です。

小湊は奥州街道の要衝で津軽藩が南部領との境界警護のため役所を設置した場所であります。しばし休息をとられたあと浅虫へ向かわれました。

途中土屋村で御野立をされますが、ここではテントを張って天皇にお休みいただきました。領民たちは網を使っての漁をご覧いただきました。準備された桶はたちまち魚でいっぱいです。気温はどんどん上がっていくなか浅虫にご到着されました。

浅虫は東北有数の温泉の町です。平安末期法然（ほうねん）が奥州巡教の折、傷ついた鹿が湯浴みをするのを見て発見したといわれています。住民が織布の麻を蒸したことから「麻蒸」と呼ばれるようになったと伝えられています。

正午野内村の柿崎申松宅でご昼食をとられました。ここに青森県七等出仕兼判事飯田常男及び灯台頭佐藤與三等がお出迎えされました。さらに進まれていくと途中で伊東海軍少将が将校を従えてお出迎えしました。少将等は先に天皇のご還幸は海路をたどるという命令を受けていたので、明治丸などが青森港に待機している旨を報告しました。

待機している船は、最新鋭の御召船明治丸（一〇一〇トン、鉄造、明治七年イギリスで竣工、工部省灯台局灯台視察船）、供奉船テーボール（八〇〇トン、鉄造、工部省灯台局灯台視察船）、護衛艦春日（一二六九トン、木造、文久三年イギリスで竣工）、護衛艦清輝（八九七トン、木造、明治九年横須賀造船所で竣工）、供奉船高雄丸（一一九一トン、鉄造、明治二年イギリスで竣工）です。

青森駅に近づき橋を渡ると大勢のお出迎えの人々でいっぱいです。遠くは秋田県から来たという人もいます。まもなく行在所となる蓮心寺に到着されました。蓮心寺には二泊されました。石田秋田県権令（ごんれい）が天皇のご機嫌伺いに参上しました。天皇は親しく秋田県の県政の概要についてご説明を受けられました。秋田県は羽後国の飽海（あくみ）郡を除いた全てを管轄し、また陸中の一部を併せ持っています。南北六〇里余り、東西二三里、南は鶴岡・山形・宮城に接し東は岩手に北は青森に接しています。郡数八、戸数一〇万九三三六、人口六〇万四一一四、本庁は秋田郡秋田にあります。吏員は六三名、裁判官は吏員が兼務しているとのことです。

天皇は説明を受けられたあと、管下の招魂場に金幣を賜られました。さらに飯田常男をお召しになり、裁判のことについてお聞きになられました。夕方、各県官等に酒肴をくだされました。また文政年間から代々養蚕を奨励し、製糸紡績教場を設け男女平等に伝習した武田熊七の徳行に対し、木戸孝允から賞詞を伝えさせました。

行在所の庭では海軍楽隊が音楽を奏し、遙か彼方に岩木山が聳えています。岩木山は標高一六二五メートル、山容から津軽富士として親しまれ、古くから山岳信仰の対象で、頂上には岩木山神社があり、旧暦八月一日には、津軽の人々が集団で登山する「お山参詣」で知られています。供奉の人々は津軽富士に重ね合わせ富士山そして東京へ思いを馳せるなか、陽は次第に落ちていきました。

第五章　青森から函館経由横浜へ

一　みちのくのそとの浜辺の朝霧は（青森・函館）

七月一五日、晴れ。午前六時半行在所を出発され、筒井村鎮台分営に行かれました。まず各分隊室及び病室、炊事場等をご視察になられ小休憩されたあと、道造村練兵所において分列式大隊の運動等をご覧になられました。そのあと青森小学校へ行かれアメリカ人教師に接見され、記念品を贈られました。そして生徒の試験と体操をしている様子をご覧になられました。

そこに弘前から東奥義塾の教師ジイング氏が生徒を率いて来訪、西洋風の頌歌（しょうか）（褒め称えた歌）を奉りました。生徒たちは一斉唱和朗々とした歌いぶりで耳を楽しませてくれました。天皇は記念の品を贈られました。

そのあと行在所でひと休みされ、午後一時青森県庁へ向かわれました。塩谷参事が祝辞を述べ、事務資料をご覧いただきました。天皇は各課の事務の様子を巡覧されたあと、別室で管内の物産をご覧になられました。

裁判所を視察され、帰路安方町通浜町の伊東善五郎の馬見所において競馬をご覧になられました。それぞれ衣装を身にまとい二百余頭の馬に乗り疾駆する様は見事でした。天皇は善五郎をお召しになられ、旧屋を毀し馬見所を新築し、競馬を天覧に供した行為に満足している旨を伝えさせました。その間、木戸顧問らには病院を視察させました。

七月一六日早朝、天皇は明治丸に乗船されますが、濃霧のため視界が悪くしばし出航を見合わせました。七時頃から霧が晴れてきたので、八時青森港を出航されました。

鎮台兵は整列してお見送りをし、諸艦からは一斉に祝砲が放たれました。砲煙が海面を覆い、緊迫した空気が張りつめています。（裏表紙写真）

出航に当たり、東久世侍従長が歌一首を詠みました。

青森御発船の日

みちのくのそとの浜辺の朝霧は君の船出をおしみてやたつ

海上の風は静かで波は大変穏やかでした。皆は緑に覆われた半島や、その向こうに霞む八甲田山や岩木山を眺めながら、しばし静かな移ろいを楽しみました。しかし乗組員の挙措動作の端々には緊迫感がみなぎっています。

青森から函館まではおよそ五二里、午後二時函館港に投錨しました。軽舸（けいか）（船足の軽い小船）に乗って上陸、函館税関において小休止されました。随行者も皆ここで小休止しました。

開拓使三等出仕杉浦誠らがご機嫌伺いに参上、前日から部下を引き連れてとどまっていた大久保利通も拝謁しました。そのあと行在所となる東本願寺別院に向かわれ、しばしお休みされました。別院には二泊されました。午後四時開拓支庁に向かわれました。途中、英国領事夫妻がご機嫌伺いに訪れ、夫人は天皇に歓迎の花束を贈ったので、天皇は大変喜ばれこれを受け取られました。

支庁の正面には、杉浦誠がお出迎えをされ、各課をご案内し仕事の内容等について説明されました。また、北海道産出の獣皮及び海草などの特産品もご覧いただきました。

そのあと病院をご訪問になり、薬室の側で休憩をとられました。ここへ医官が顕微鏡を持って来て、天皇に蝦蟇（がま）の血液循環の様子をご覧いただきました。天皇は右大臣岩倉具視、内閣顧問木戸孝允、大史土方久元（御巡幸御用掛）に各病院を慰問させました。天皇は、松蔭小学校や会所学校等の生徒の授業風景をご覧になられ、優秀な生徒に記念品を与えられ、行在所へ戻られました。

二　富士の根にたなびく雲は大君の（函館・横浜）

七月一七日、午前六時半、行在所をご出発され裁判所に向かわれました。水野六等判事、小島七等判事がお出迎えされ、天皇は、正庁で民事裁判の状況をお聞きになられました。そのあと供奉の人たちも皆馬車に乗り、桔梗野村に行き天皇は仮宮として設けられたテントで休憩をとられました。周囲は茫々とした荒野ですが、南には函館山（臥牛山）が横たわり、西駒岳が湾をかかえるように聳え、風光明媚な場所です。ここで数多くの羊や牧牛馬などをご覧になられました。そこから七重村へ行き、開拓使の試験場に行かれました。試験場は、アメリカから取り寄せた果樹蔬菜を育て、この地方の風土気候に慣れさせるなどの品種改良をしているところです。一一時開拓使官舎で昼食をとられました。

そのあと草木の性質、培養法等の説明を聞かれ、綿羊の牧場、アメリカ種の牧牛場等をご覧になられ、午後二時帰路に就かれますが、途中五稜郭に立ち寄られました。

五稜郭は日本初の洋式城郭で、星形による俗称で「亀田役所土塁」が正式名称です。安政四年（一八五七年）着工、元治元年（一八六四年）落成、江戸幕府が北方警備の箱館奉行所の移転先として建造した城郭です。明治初期、榎本武揚・大鳥圭介らがここに拠って官軍に最後の抵抗を行った場所でもあります。天皇は感慨深くお聞きになられました。五稜郭の南門の外では、函館伐氷商社の伐氷機械をご覧になられました。この機械は先にアメリカのボストンから取り寄せた機械です。氷の厚さ硬さを測る機械、氷の表面の凸凹を除き汚れを取り払う機械、氷を切る機械などです。商社の頭取中川嘉平を召して種々お尋ねになられました。嘉平は一つ一つ丁寧に説明したので、天皇は大変興味を持たれそこでしばし時間をとられました。

協同館において岩倉、木戸らと夕食をともにされました。杉浦誠を召して所管事項について親しくお尋ねになられました。函館支庁の所管地域は、北海道の南端に位置し三面は海に面しています。青森県大間（おおま）・竜飛岬（たっぴみさき）と海を隔て向かい合っています。郡数一六、戸数二万六二九、人口一〇万二八六八、支庁は渡島国亀田郡函館、吏員一〇八名。札幌の本庁まで七一里余りです。函館にいる居留外国人は英露米丁仏独清の人々で戸数二七、人員は六三名です。天皇は、汐見町の招魂場に勅語、金幣を賜わられました。

そのあとアイヌの男女六、七〇人をお庭に召してお酒を下賜されました。各人はかしこまって頂戴しましたが、彼らの礼式はことのほか恭しいものでした。そのあと男女がアイヌ踊りを披露しました。踊りが終わったあと、男子には煙草が女子には木綿糸が贈られ、天皇は五時過ぎ行在所へお戻りになられました。すでに町には明かりが灯っていました。

明日のご出発を前に大久保利通は宮内丞侍従らとともにこの日の朝七時、一足先に「テーボール」艦に乗り東京に向けて出発しました。その船中で高崎侍従は歌一首を詠みました。

函館の御船出を思ひ奉りやりて

波風の恐れもあらしおそれ山わか大君の御船こく日は

七月一八日、行在所で開拓吏員杉浦誠、秋田県権令石田栄吉などのお別れの拝謁を受けたあと、六時半ご出発され弁天砲台に行かれました。堀尾陸軍中佐が先駆し、市街を過ぎ事務所で少しお休みになられました。大砲三五発が海山に轟きわたりました。天皇は税関から軽舸に乗られそこから明治丸に乗り移られました。諸艦からは一斉に祝砲が放たれ、硝煙が海面を覆いました。

午前八時錨を上げ出航しました。函館山（臥牛山）を回り南を目指しますが、一〇時急に船が雲霧に取り囲まれたため、海上で晴れるのを待ちました。

正午ようやく航行可能となったので航行を再開しました。金華山に近づいた頃再び濃霧にまかれました。金華山は牡鹿半島（宮城県）の突端近くにある標高四四五メートルの島で、江戸時代には弁財天宮を中心に、竜蔵権現、愛宕権現、神明宮、不動堂などを島内の各所に勧請(かんじょう)して

「全山霊島」としました。寺の維持のため修験が村々を回り弁財天の福徳を説き金華山信仰を広めたと伝えられています。

そんなことに思いを馳せている間にも、船足は速くなったり遅くなったりしながら進み夜は次第に更けていきました。

七月一九日、船の動揺は昨日と変わらず、随員のなかには食事をせず横になっている者もいます。盆栽が落ちたり、水器が傾いたりするほどの、ひどい揺れようです。しかし天皇は通常と変わらないご様子で、また岩倉や木戸も泰然自若としています。素晴らしい金華山や松島の景観を楽ししまれ航行しました。

七月二〇日、晴れ。昨日と比べ船の動揺はおさまっていました。午前一〇時犬吠埼（いぬぼうさき）を過ぎました。犬吠埼は、銚子半島（千葉県）の太平洋に突出している岬です。明治七年イギリス人プラントンの設計による犬吠埼灯台を設置、航海上の重要地点としての役割を果たしている岬です。

午後三時、野島崎灯台が見え、遠くには富士の山が輝いています。あたかも天皇の帰還を喜んでいるようです。高崎侍徒番長が、歌一首を詠みました。

　ふしのねに雲のかゝれるをみて
不二のねにたな曳（びく）雲は大君の御船まちてやはれんとすらん

まだ横浜までは十数里あるということで伊東少将らは佐藤灯台頭と協議し、横須賀停泊のことについて岩倉具視に進言、岩倉は天皇に奏上しました。空はいまにも雨が降りそうな模様です。明日は晴れるかどうかはわかりません。堂々巡りの議論に終止符が打たれ、明治丸は最後の力を振り絞るように進み、金田港に近づきました。天皇のご帰還を歓迎する祝砲が轟きわたるなか、前後を戦艦に護られた明治丸は横浜港に帰着しました。諸艦は楽隊で歓迎の曲を奏し、煙火を放っています。陸上ではガス灯が灯りまるで昼間のような明るさです。艦には内務卿大久保利通、参議黒田清隆らがお出迎えの挨拶のため乗り込んできました。

金井之恭権少史、香川敬三宮内大丞らが天皇上陸の打ち合わせのため先行して上陸し、県令らと天皇ご一行の進まれる道路の整理、ご宿泊所となる離宮のことなどについて、打ち合わせをし艦に戻り、明治天皇にこれから上陸することになった旨を奏上しました。

天皇は、軽舸に乗って上陸されました。横浜は安政五年（一八五八年）開港とともに、西の神戸と並んで文明開化の波が押し寄せ欧米先進文化が入り込み、活気が町いっぱいにみなぎっています。天皇は多くの人々の盛んな歓迎を受け伊勢山離宮に向かわれました。市街は天皇のご帰還を歓迎する灯りで昼間のような明るさですが、すでに午前零時を過ぎていました。

七月二一日、伊勢山離宮には早朝から皇族、大臣、参議、省庁次官らが続々と伺候、天皇の帰還を奉迎しました。天皇は午前八時半離宮をご出発されました。横浜停車館で小休止され、ここで大臣以下奉迎諸員及び各国領事等に接見されました。一〇時半新橋にお着きになられました。皇后陛下が女官らとともに天皇をお迎えされました。皇后陛下は供奉した人々へも接見されました。一一時馬車に乗られご出発、正午皇居に還幸されました。天皇は皇太后に帰還のご挨拶をされ、次に皇后陛下、静寛院宮（皇女和宮）にご挨拶されました。供奉した人たちにも接見され、お祝いのお酒を下賜されました。彼らはさまざまな思いを胸に家路を急いだのです。

六月二日、皇后の見送りを受け千住駅を発って、五十余日が経過をしていました。この間、梅宮様の悲しい訃報もありました。天皇も供奉された人々も、留守を預かっていた人々の脳裡に去来したものはどんな思いであったでしょうか。

第六章　語り継がれる東北・北海道ご巡幸

一　国民の祝日「海の日」として顕彰

明治天皇の東北・北海道ご巡幸はさまざまな意味で日本史に彩りを添えました。このご巡幸に先立ち東北各地を巡った内務卿大久保利通は、このご巡幸をプロデュースする一方、帰京後地政学的見地に立って東北開発を主導する計画を立案しました。秋田の阿仁・院内鉱山の開発、宮城の野蒜築港計画、福島の猪苗代湖の水を利用して会津盆地の開発を目指した安積疏水の建設計画、そして岩手と秋田、宮城と山形を結ぶ道路網等の建設計画です。

その一方、東北・北海道ご巡幸の行われた年の一〇月、神風連の乱が起こりこれに呼応して秋月の乱が起こりました。神風連の乱は、一〇月二四日に旧肥後藩の士族太田黒伴雄、加屋霽堅、斎藤求三郎ら、約一七〇名によって結成された通称「神風連」により廃刀令に反対して起こされた反乱です。これに呼応して、旧秋月藩の士族宮崎車之助、磯淳、戸原安浦、磯平八、戸波半九郎、宮崎哲之助、土岐清、益田静方、今村百八郎ら約四〇〇名によって起こされたのが秋月の乱です。いずれも鎮圧されますが、翌明治一〇年（一八七七年）西南戦争が起こりました。これは明治初期の一連の士族反乱のうち最大規模のもので現在の熊本県・宮崎県・大分県・鹿児島県にまたがる反乱で、西郷隆盛は戦場の露と消えました。翌年明治一一年明治の国づくりに大きな役割を果たした大久保利通が、業なかばにして暗殺されました。さらに日本は自由民権運動の高まり、「明治一四年の政変」など国は大きく揺れ動いていました。

しかしそれら国政の危機を乗り切るように、東北・北海道ご巡幸のあと明治一一年には、北陸・東海道巡幸、明治一三年には甲州・東山道巡幸、明治一四年には山形・秋田・北海道巡幸、明治一八年には山口・広島・岡山巡幸が行われ、ここに明治維新後の天皇をシンボルとした国家統合の試みであった六大巡幸は完了したのです。

明治天皇が乗船された明治丸は、当時としては優秀船であったので、通常の業務のほか、日本の近代史に残っている多くの事件に関わりました。明治八年小笠原諸島の領有問題が生じた時、明治丸は一一月二一日日本政府調査団を乗せて横浜を出航し、二四日秩父島に入港しました。新造船で船足が速かったので二二日に横浜から出航した英国軍艦カーリュー号より二日早く着いて調査を進めることができたことから、小笠原諸島領有の基礎が固まったといわれています。明治九年一一月五日軍艦雲揚が、紀州大島沖で名古屋丸に衝突し座礁沈没した時、救援に急航して救助者を乗せ、八日横浜に寄港しました。

明治一二年（一八七九年）日本政府が清国にも服属関係を続けていた琉球藩の強行合併に踏み切った時、軍隊による接収が終わった那覇港に明治丸は勅使を乗せて四月一二日に入港し、四月二七日に中城王子を乗せて出航しました（最後の国王・尚泰が「琉球処分」の際上京のため乗船した船としても知られています）。灯台視察船として二〇年間任務を遂行した明治丸は、明治二九年（一八九六年）老朽化したため商船学校へ譲渡され、改装を経て係留練習帆船として五〇年間多くの海の子の道場として毎朝の看板掃除、運用実習船の授業で心身の研鑽に益し、卒業生から心の故郷として慕われました。いまは国の重要文化財として復元されたあと、東京海洋大学に係留され往時の面影をとどめています。

明治九年の東北・北海道ご巡幸は、赤坂離宮からのご出発でした。これは、明治五年紅葉山下の女官長室から出火し、皇居として使用されていた旧江戸城内郭の本丸・西の丸・吹上御所をはじめ諸官庁として使われていた明治政府の中枢施設が灰燼に帰したため、仮皇居である赤坂離宮からのご出発でありました。明治二二年一月一一日皇居は、旧西の丸跡に造営された新宮殿に還御されました。この宮殿では大日本帝国憲法発布式が行われ、二月一一日憲法が公布され近代的な国造りが本格的に始まったのであります。明治天皇が長い東北・北海道ご巡幸の旅を終えられ無事帰着された七月二〇日は昭和一六年（一九四一年）に「海の記念日」となり、現在は「海の日」とし永く記憶にとどめられる措置が講じられたのであります。

二 「慶長遣欧使節」を全国に喧伝

明治九年の明治天皇の東北・北海道ご巡幸に先立つ五年前の明治四年、岩倉具視全権大使以下の使節団が欧米に派遣されました。派遣の目的は、廃藩置県が行われたのちの重要課題として政府は、条約改正の希望を諸外国に告げ併せて諸外国の制度・文物などの調査することでした。使節団は右大臣岩倉具視、参議木戸孝允、大蔵卿大久保利通、工部大輔伊藤博文ら四六名、大使・副使の随員一八名、欧米諸国へ留学する年少の華族・士族の子弟四三名であります。

一行は一一月一二日横浜港を出航、アメリカへ向かいました。アメリカからイギリスへ向かい、イギリスではビクトリア女王に謁見しました。フランス、ベルギー、オランダを経由して、ドイツでは皇帝ウィルヘルム一世に謁見、そのあとロシア、デンマーク、スウェーデン、イタリアを訪問しました。明治六年岩倉大使一行はヴェニスで支倉関係文書を発見しましたが、支倉が何者であるかは分かりませんでした。大坂の秀頼が敗北した時逃れた者がここに来たのであろうとか、あるいは支倉は伊達の臣であるということだが、伊達家が西洋と交通したとは考えられないことであるなどと記しています。

明治九年明治天皇の東北・北海道ご巡幸を機会に仙台で開催された博覧会に、彼の遺物が県令宮城時亮の処置によって出品され、六月二五日天覧に浴されました。東京日日新聞から特派されてきた岸田吟香は、彼の遺物は「出品数多きが尤も奇とすべき」ものであると本社に伝えました。

この報道が、東京日日新聞社の福地源一郎の注意を喚起し、支倉常長の遺物についての考証が社説となって七月三日の紙面を飾りました。福地は岩倉使節に同行した折ヴェネチアで書庫の中に支倉の名を見出し、他日の考証にするため写し取り日本へ持ち帰っていましたが、伊達政宗が派遣したというのは何かの間違いだろうと考えていました。

出品された遺物は、首席随員としてご巡幸に供奉してきた岩倉具視の斡旋によって、東京の帝国博物館に搬送されるとともに、修史本局の平井希昌に委嘱して、南蛮遣使の研究をさせました。彼は伊達家の資料だけでなく、海外におけるものにまで手をのばして研究を進めました。『伊達政宗欧南遣使考』（明治九年一二月出版）がその成果です。

岩倉具視に支倉についての興味を喚起させたのは、ジェノアの文書館で、大友宗麟（天正一一年〈一五八三年〉使節派遣）の書簡を一覧する機会に恵まれたことでした。この時一行は、さらにラテン語で書かれた文書の末尾に「一六一五年支倉六右衛門」「一六一六年支倉六右衛門」の署名を発見したのです。この文書の発見によって得た結論は「天正遣欧使節より三〇年後なので、大友家の使臣には非ず」「大坂の豊臣家の残党が、船渡し、再挙を図ったものか」あるいは「伊達の家臣とも伝えられるがそのようなことはあるはずがない、いずれ史家の考証を待つ」（特命全権大使米欧回覧実記）と記録にとどめました。だがヨーロッパにおいては、大使一行の発見によって大きな関心が呼び起こされました。

明治九年フランス旧教の宣教師ラングレが来仙、常長のローマ市公民権証書のラテン語を筆写、解説して欧州に紹介しました。その後支倉常長は東西の史家によって研究が進められ、明治三七年（一九〇四年）ボンコンパーニ・ルドヴィージは、『ローマに来たり最初二回の日本使節』を著し、貴重な文書の新発見を報告したのです。

日本においては、在外使臣によって、文書の発見、その写しの日本への送付が行われました。東京帝国大学資料編纂係においても、資料の蒐集が行われ、明治三二年（一八九九年）から三五年（一九〇二年）まで、留学生として渡欧した村上直二郎をして、スペイン、イタリア、イギリスに現存する資料の調査をさせたのです。明治四一年（一九〇八年）七月、東京帝国大学の卒業式に際して、行幸された明治天皇に蒐集資料の一部を天覧に供し、研究の結果を御進講し、翌年『大日本史料』（第一二編の一二）として出版されました。

このように明治天皇の東北・北海道ご巡幸は慶長遣欧使節が世に出る大きな契機となった画期的なものでありました。

三　「中尊寺金色堂」が国宝建造物第一号へ

明治九年の東北・北海道ご巡幸は、平泉の歴史にも大きな彩りを添えました。天皇は中尊寺や毛越寺、高館跡などをご覧になられました。この時天皇は特に中尊寺に対し、「国家の規模たる古蹟なれば厚く保護せよ」とのお言葉を述べられました。そして三〇円を下賜されました。これを受けた岩手県は、その年の九月、「宝物保存規則書」を作成し、中尊寺や毛越寺の保存事業に着手したのです。宮内省からは明治二〇年（一八八七年）保存資金が下賜され、二三年（一八九〇年）には覆堂を修理、二六年（一八九三年）には経蔵の屋根を草葺きから桟瓦葺きに改め、二七年（一八九四年）には覆堂の屋根を修理するなど、国家的な規模での保存へのレールが敷かれました。

明治三〇年（一八九七年）には、「古社寺保存法」が制定され、中尊寺金色堂は国宝建造物第一号に指定され、全国初の国費による修理工事が行われました。東北・北海道ご巡幸は日本の文化財の在り方にも大きな影響を与えたのです。

四　治天の君・明治天皇

日本の近代化にとって大きなご存在であられた明治天皇は、優れた数多くの和歌を残されました。天子として語れぬ胸のうちを和歌にとどめられたのでしょうか。

国民（くにたみ）のおくりむかへて行く〳〵ところさびしさ知らぬ鄙の長みち

この和歌は、どんなに疲れていようとさびしかろうと国民の送迎に接すると、そんな疲れはすぐ忘れてしまうという心の内を詠まれたものです。

年どしに思ひやれども山水をくみて遊ばむ夏なかりけり

毎年山深い谷川のすずしい山水を手に汲んで、心豊かなひと時を過ごしたいと思いつつ、多忙のためかなえられないご様子を詠まれたものです。

　天をうらみ人をとがむることもあらじわがあやまちをおもひかえさば

自分も過ちを犯すのだから、他人をとがめることなどすまいとするご心情を詠まれたものです。

　あさみどり澄みわたりたる大空の広きをおのが心ともがな

凪(な)いだ湖のおもてのように、むらのない明るく広い心得を持った自分でありたいという心のうちを詠まれたものです。

日本近代の黎明の時代、真摯に重責を果たされた明治天皇のお心のうちが伝わってくるのではないでしょうか。

　明治天皇は最後まで公務を優先されました。明治四五年（一九一二年）七月一〇日、病をおして東京大学の卒業式に臨席され学生をお励ましされましたが、まもなく薨去(こうきょ)されました。文豪徳富蘇峰(とくとみそほう)は薨去された天皇に最大限の弔意を表する一文を捧げますが、当時の国民の多くも同じような気持ちで天皇を葬送したのではないでしょうか。

「公平にいえば明治天皇は、天皇と同時代若しくはその前後における世界の君主若しくは元首の中において才能とか手腕とかいう点はしばらくおき、その風格において、その襟度(きんど)において第一等の御方と申すより他に言葉はあるまい。

それは、天皇が一国の君主としての位置に最も相応した御方であったためである。天皇は国と民の他には、ほとんど余念なき御方であった。如何にすれば日本を最善の国となすか、如何にすればこの民を最善の民となすか、ということに心身を消耗して一生を終わり給うた。

天皇は決して、漢の武帝や唐の太宗や、あるいはカイザルやナポレオン等と対照すべき御方ではなかった。彼らは実に英雄であり豪傑であり、ある点においては超越人であった。しかし彼らは決して理想的の君主でもなければ、元首でもなかった。これに反し我が明治天皇は、彼らと比ぶればむしろはなはだ質実であり素朴であり、地味であらせられたるにかかわらず、実に理想的の人君であった。

天皇には一切芝居気なるものが無かった。我が国の人物中にも芝居気の最も逞(たくま)しき役者は豊臣秀吉であった。もし天皇に若干の芝居気があらせ給うたら、世界は挙げて、天皇を崇拝随喜(すうはいずいき)したかも知れぬ。しかれども天皇は役者たる事を潔(いさぎよ)しとし給はなかった。いかなる場合でも、天皇本来の面目以外のものを他に示し給うことはなかった。

この点において、天皇は素人向きではなく、全く玄人(くろうと)向きであらせられた。天皇の大御心は大向こうの人気や世情の評判を相手とせず、ただ天と神と国と民とに奉仕するのみであった。」

（引用「明治天皇とその時代」『正論』平成一四年一二月臨時増刊号　産経新聞社）

日本の近代化に大きな役割を果たされた明治天皇の気魄が伝わってくるようです。

おわりに

二ヵ月弱にわたる旅はいかがだったでしょうか。これまで皆様と歩んできた天皇ご一行との巡幸にはどこか私たちの心を遥か彼方に誘（いざな）うような、あるいは臨場感（りんじょうかん）をもって惹きつけるような魅力（みりょく）があります。そこにはそれぞれの地域における出来事や折に触れての感動というものが、詩情豊かに流れております。

明治天皇ご巡幸に当たり、当時迎える人たちは、たった一度しかお立ち寄りにならないかも知れないのに皆で仮御所（かりごしょ）を設けたり、見晴らしの良い場所に玉座をしつらえたり、行在所（天皇の諸国巡幸の時、駐輦（ちゅうれん）・宿泊のために設けられる施設・建物）をつくって天皇をお迎えするなどし、ゆっくりお休みいただきたいと願いました。

そこには天皇を敬愛する人々と、人々を愛（いと）おしむ天皇というわが国の歴史が育んできた、なかば普遍的（ふへんてき）な姿が感じられるのです。図らずも国をまとめるための政治的な行事が、実は日本人の心の琴線に触れる営みであったことは、歴史的な回顧によってうなずけるのではないでしょうか。

この旅によってわが国の精神風土に何が付与され、何が新たに構築されたのか、読者の皆様の心にそれぞれのお考えやら感興が湧き、受け止めていただけたならば幸いです。

東北・北海道ご巡幸は単に地方視察というだけではなく天上の人と思われていた天皇と人々の意識が変化するなかで、例えば勤王家への顕彰や、長寿者・孝子への褒賞や下賜など、直接的なつながりが始まったという。さらなる意義も認められるのです。

さていま私たちを取り巻く環境は大変殺伐とし、また閉塞感も漂っています。

このようななかで一番大切なのことは次代を担う人たちに、自信と誇りを持って語れる故郷や日本の国の歴史や文化の素晴らしさをしっかりと伝えていくことです。それがあって初めて堂々と生きることができ、また堂々と世界に伍していくことができるのではと考えています。

そんな思いから明治九年の「明治天皇の東北・北海道ご巡幸」を取り上げたのは、明治草創期新しい国づくりに向けてそれぞれの立場の人々が、ご巡幸を意義あるものにするため、真摯に考え対応しました。それが結果的にその後の天皇と国民の信頼関係に結びつき、天皇を中心とした日本の近代化を進める大きな原動力になったのです。

阪神淡路大震災や東日本大震災の時でも、日本では秩序を保ちながら復興への道を踏み出しました。それは営々と積み重ねてきた日本人ならではの歴史や文化、また自然災害に遭いながらもそれを克服してきた日本人としての誇りがあったからではないでしょうか。退位され上皇となられた平成の天皇ご夫妻が、自ら被災地に飛び込み、国民の前に膝をおつきになり、国民一人一人に目線を合わせられ、真摯に国民の言葉に耳を傾けられ労（ねぎら）いと励ましのお言葉をかけ続けてこられました。どんなに多くの国民が励まされたでしょうか。

明治九年の「明治天皇の東北・北海道ご巡幸」は、まさに皇室と国民の在り方を形づくるうえで大きな原動力になったといっても過言ではありません。本書を通して、新しい時代を切り拓いていく次代を担う人たちの原動力の一助になれば幸いです。

この本を書くにあたっては、故音楽プロデューサーの中山剛先生、詩人の星乃ミミナ様、大崎市古川の斎藤隆・弘子様からご助言、ご教示をいただきました。

また特段のご配慮もあり、皇室ジャーナリストとして著名な久能靖様から序文をお寄せいただきました。心から感謝を申し上げます。

出版にあたっては、銀の鈴社の柴崎俊子（阿見みどり）様、西野真由美様、西野大介様、校正者の皆様に数々のご教示、ご助言をいただきました。心から御礼を申し上げます。

二〇二三年八月吉日

伊達宗弘

参考資料

一　先発要員名簿（引用文献『太政官期地方巡幸史料集成』）

正院　参議兼内務卿　大久保利通
宮内省　宮内少丞　桜井純造
　一二等出仕　小平義近（桜井宮内少丞随行）
　等外一等出仕　中島宗城（桜井宮内少丞随行）
内務省　内務権大丞　北代正臣
　内務権大丞　石井邦猷（五月一八日追加）
　内務権少丞　春名修徳（内務卿随行）
　八等出仕　滝　吉弘（内務卿随行）
　等外二等出仕　木下　茂（内務卿随行）
　内務権大録　川合鱗三（五月一八日追加）

九等出仕　遠藤　達
一二等出仕　山口貞剛（五月一八日追加）
駅逓権中属　望月武俊
駅逓寮一四等出仕　鱸　清輔
土木寮一五等出仕　小川守一
陸軍省近衛局
会計課軍吏副　本間順風

二　主要供奉員名簿（引用文献『太政官期地方巡幸史料集成』）

正院
右大臣　岩倉具視
内閣顧問　木戸孝允
参　議　大隈重信（病気のため供奉辞退）
大　史　土方久元（御巡幸御用掛）
権少史　金井之恭（御巡幸御用掛）
大主記　山本復一
大主記　小野正弘
権大主記　川邨正平　ほか

宮内省

宮内卿　徳大寺実則
侍従長　東久世通禧
宮内少輔　杉　孫七郎（御巡幸御用掛）
宮内大丞　香川敬三（御巡幸御用掛　兼庶務出納内廷）
宮内権大丞　児玉愛二郎（兼内膳御厩）
宮内権大丞　堤　正誼（兼調度内匠）
侍従番長　米田虎雄
侍従番長　高崎正風
侍　従　堀河康隆
侍　従　高辻修長
侍　従　富小路敬直
侍　従　綾小路有良
侍　従　東園基愛
侍　従　北条氏恭
侍　従　片岡利和
侍　従　太田左門

侍従　山口正定
侍従　仙石政固
三等侍医　岩佐純
六等侍医　船曳清修
九等出仕　藤波言忠（「君側」）
九等出仕　荻昌吉（「君側」）
二等薬剤生　渡辺賛
一〇等出仕　平野好徳（アンマ）
五等薬剤生　藤岡元礼
五等薬剤師　石井淡
皇学御用掛　近藤芳樹
式部大属　小西有勲
式部寮十等出仕　山田有年
宮内大録　麻見義修（出納課兼庶務課）
宮内中録　和田義比（庶務課）
宮内中録　粟津職綱（庶務課）
宮内少録　広瀬豊海（出納課兼庶務課）

×

八等出仕　桂　正芳（内膳課）
一一等出仕　岡本正道（内膳課）
一一等出仕　安　貞成（内膳課）
一二等出仕　音川定静（内膳課）
一三等出仕　田中盛忠（内膳課）
一四等出仕　松岡立男（内膳課）
等外一等出仕　上田恒徳（内膳課）
等外二等出仕　堀野元次郎（内膳課）
九等出仕　名嶋博包（内匠課）
一三等出仕　前嶋良形（内匠課）
一五等出仕　武富藤太郎（内匠課）
八等出仕　谷村一正（調度課）
一四等出仕　田村清胤（調度課）
等外一等出仕　加藤鳩八（調度課）
宮内権大録　小笠原武英（内廷課）
一四等出仕　淵川親則（内廷課仕人）
一五等出仕　大岡斧太郎（内廷課直丁）

二等馭者　古田　融（御廐課）
三等馭者　武部可栄（御廐課）
四等馭者　岩波　常（御廐課）
六等馭者　木村介一（御廐課）
六等馭者　矢野宜温（ママ）（御廐課　臣下馬取締）
一〇等出仕　川上鎮石（御廐課）
一三等出仕　高木隆徳（御廐課）
一三等出仕　小柴定五郎（御廐課御車副）
一四等出仕　岡本義氏（御廐課馬医）
等外一等出仕　阿保群義（剣璽辛櫃舁）
ほか

大蔵省
大蔵権少丞　阿鰭　斉（五月一二日）
出納寮一一等出仕　田中重秀
検査権少属　中村脩永
ほか一名

内務省

駅逓寮七等出仕　五島孝継
駅逓寮等外　大野義規
二等出仕

陸軍省
陸軍大尉　䪼野　克（五月一〇日　供奉近衛局の主任）
陸軍大尉　伊地知季成（五月一〇日）
陸軍大尉　津田震一郎（五月一〇日）
陸軍中尉　山縣俊信（五月一〇日）
陸軍中尉　駒田正紀（五月一〇日）
陸軍少尉　村田経緯（五月一〇日）
陸軍少尉　三戸次行（五月一〇日）
陸軍少尉　門司正人（五月一〇日）
陸軍少尉　木村才蔵（五月一〇日）
陸軍少尉　山岡光行（五月一〇日）
ほか

海軍省
海軍少将　伊東祐麿（五月二一日青森より明治丸にて還幸時に供奉）

参考資料

三　行程概略（引用文献『太政官期地方巡幸史料集成』解説）

六月　二日　三条実美に巡幸中の庶政を委任し赤坂の仮皇居をご出発。皇后が千住まで見送り。草加着、［行在所］は大川弥惣右衛門宅。

三日　幸手（さって）着、［行在所］は知久文造宅。侍従番長米田虎雄を勅使として大宮の氷川神社へ差遣。

四日　権現堂新堤へ行幸。栗橋で利根川を船にて渡河。小山着、［行在所］は若林庄次宅。

五日　宇都宮着、［行在所］は鈴木久右衛門宅。東京鎮台宇都宮分営へ行幸。高山彦九郎・蒲生君平両名の遺族に祭粢料を下賜。

六日　日光着、［行在所］は満願寺。

七日　日光滞在。東照宮・二荒山神社へ行幸。

八日　日光滞在。中宮祠へ行幸。華厳の滝観覧。薫子内親王薨去の報に接す。

九日　宇都宮着、［行在所］は鈴木久右衛門宅。

一〇日　宇都宮滞在（薫子内親王薨去のため）。

一一日　佐久山着、［行在所］は印南金三郎宅。

一二日　芦野着、［行在所］は戸村謙橘宅。

一三日　白河着、［行在所］は芳賀源左衛門宅。白河城址にて福島県下産馬一五〇〇余頭を視察。
一四日　須賀川着、［行在所］は旧白河県庁舎。
一五日　須賀川滞在。須賀川産馬会社へ行幸。産馬競売状況御覧。
一六日　桑野村着、［行在所］は開成館。大槻原の開墾地視察。
一七日　二本松着、［行在所］は区会所。
一八日　二本松滞在。二本松城址の二本松製糸会社へ行幸。
一九日　福島着、［行在所］は中学校。
二〇日　福島滞在。雨天にて半田銀山行幸を中止。福島県庁・小学校へ行幸。諸県に八〇歳以上の高齢者に酒肴料を賜うよう指示。
二一日　福島滞在。半田銀山へ行幸。
二二日　白石着、［行在所］は小学校（元仙台藩館舎）。
二三日　岩沼着、［行在所］は竹駒神社社務所。
二四日　仙台着、［行在所］は梅原林蔵宅（榴ケ岡）。
二五日　仙台滞在。宮城県庁・宮城裁判所・宮城師範学校及び宮城英語学校へ行幸。大久保利通海路還幸を奏上。
二六日　仙台滞在。仙台鎮台歩兵第四連隊・宮城野原操練場・宮城上等裁判所・仙台鎮台本営・博覧会場へ行幸。共立社病院へ木戸孝允を名代として差し遣わす。

二七日　松島着、［行在所］は瑞巌寺。観瀾亭へ行幸。
二八日　富山より松島全景を観覧したあと船で塩竈着。［行在所］は法蓮寺勝画楼。
二九日　志波彦神社・塩竈神社・多賀城址へ行幸したあと仙台着、行在所は梅原林蔵宅。林子平の遺族へ祭粢料を下賜する。青森港から海路還幸される旨を発表。
三〇日　吉岡着、［行在所］は遠藤鉄之助宅。
七月　一日　古川着、［行在所］は宮城裁判所支庁。
二日　築館着、［行在所］は鈴木吉左衛門宅。
三日　一関着、［行在所］は金森多吉宅。
四日　中尊寺行幸。水沢着、［行在所］は戸坂万六宅。
五日　花巻着、［行在所］は渡辺弥四郎宅。
六日　盛岡着、［行在所］は菊地金吾宅。
七日　盛岡滞在。岩手県庁・仁王学校・勧業試験所・八幡社へ行幸。
八日　沼宮内着、［行在所］は村井小四郎宅。
九日　一戸着、［行在所］は金子茂八郎宅。
一〇日　三戸着、［行在所］は松尾秀太郎宅。小学校へ行幸し産馬一六〇頭を視察。
一一日　五戸着、［行在所］は三浦伝七宅。青森より海路還幸の祭に函館にて一日滞在することになった旨を発表。

一二日　三本木開墾地へ行幸。七戸着、「行在所」は浜中幾治郎宅。
一三日　野辺地着、「行在所」は野村治三郎宅。御料馬車馬花鳥号が斃（たお）れ、常光寺に埋葬。
一四日　青森着、「行在所」は蓮心寺。
一五日　青森滞在。筒井村鎮台分営歩兵第五連隊第一大隊・青森小学校・青森県庁・馬見所等行幸。木戸孝允を名代として青森病院へ差し遣わす。
一六日　明治丸にて函館着、「行在所」は東本願寺別院。開拓使函館支庁・函館病院・松蔭小学校・会所学校へ行幸。
一七日　函館滞在。函館裁判所・七重勧業課試験場・五稜郭・協同館へ行幸。
一八日　弁天岬函館砲台へ行幸。明治丸にて函館を出航。
一九日　海上（動揺激し）。
二〇日　横浜着。伊勢山離宮に予定外の一泊。
二一日　横浜停車場より乗車、新橋停車場にて出迎えの皇后とともに仮皇居へ還幸。

参考・引用文献

『太政官期地方巡幸研究便覧』編・著（柏書房サイトより）岩壁義光・広瀬順晧　柏書房
『東北巡幸　扈従日誌　上・下』　権少史金井之恭
『太政官期地方巡幸資料集成　第八巻』　柏書房

『東京日日新聞』連載（岸田吟行筆「ご巡幸の記」）　東京日日新聞社
「明治天皇とその時代」『正論』平成一四年一二月臨時増刊号　産経新聞社
『日本地名大百科ランドジャポニカ』　小学館
『支倉常長伝』　支倉常長顕彰会編　宝文堂
『国史大辞典』　吉川弘文館
『宮城県百科事典』　河北新報社

著者

伊達 宗弘（だて むねひろ）

1945年、宮城県登米市登米町生まれ。仙台大学客員教授。
日本文藝家協会会員。日本ペンクラブ会員。日本歴史時代作家協会会員。

著書『みちのくの和歌、遙かなり』　踏青社
『みちのくの指導者、凛たり』　踏青社
『武将歌人、伊達政宗』　ぎょうせい
『みちのくの文学風土』　銀の鈴社
『仙台藩最後のお姫さま、北の大地へ馳せた夢』　新人物往来社
『伊達八百年歴史絵巻』　新人物往来社
『時代を飛翔る夢　先人の叡智』　金港堂
『朴澤三代治伝』　丸善プラネット

口絵写真　提供

出典：『宮城県の文化財』

平成９年12月25日発行
編集　宮城県教育委員会
発行　(財)宮城県文化財保護協会

提供：瑞巌寺蔵「松島天覧之図」

NDC916
神奈川　銀の鈴社　2023
166頁　18.8㎝（語り継がれる明治天皇の東北・北海道ご巡幸）

銀鈴叢書
2023年10月6日初版発行
本体1,500円＋税

語り継がれる
明治天皇の東北・北海道ご巡幸

著　　者　伊達宗弘©
発 行 者　西野大介
編集発行　㈱銀の鈴社 TEL 0467-61-1930　FAX 0467-61-1931
〒248-0017　鎌倉市佐助1-18-21　万葉野の花庵
https://www.ginsuzu.com
E-mail　info@ginsuzu.com

ISBN978-4-86618-152-3 C0095
落丁・乱丁本はおとりかえいたします。
印　刷・電算印刷
製　本・渋谷文泉閣